弱さこそ最強の武器

8つの感情キャラクターで
人生とビジネスを成功に導く心の力

金子みつよし 著

セルバ出版

はじめに

はじめまして。**金子みつよし**です。

いきなりですが、もし「思考は現実化する」という言葉を聞いても、あなたはすぐに信じられるでしょうか。正直、かつての僕は「見えないものなんか信じない」と豪語するタイプで、頭の中で思ったことが本当にこの現実を変えるなんて、まるでお伽噺だと感じていました。

ところが、その「信じられなさ」を抱えたまま、僕は人生でいろいろとやらかし（正直ポンコツな部分があって…）、気づけば15年も費やして、ようやく「なるほど、思考や感情が現実をつくっていたのかもしれない」と腑に落ちる瞬間が何度も訪れたんです。不思議ですよね。最初は受け入れられなくても、人生という長い冒険の中で、じわじわと「どうやらこれは本当らしいぞ」と気づいていく。まさに、あのときの僕は自分が何を思い込んでいるかすら知らず、目の前の現実ばかりを見て嘆いたり逃げたりしていたわけです。

心理学の「しかけ」をこっそり入れています

そんな僕の体験や、病気でどうにもならなかった日々、そして自分でも気づいていなかった思考のパターンを探っていった結果、「あれ…実は自分、頭の中の〝ネガティブキャラ〟に支配されていたんじゃ？」とわかったんですね。そしてそのキャラたちと向き合い、ちょっとずつ変えることで驚くほど現実が動き出した——。そういうエピソードを、本書では物語仕立てでご紹介しています。

しかも、**本書の中には少しだけ〝心理学的なしかけ〟を忍ばせてある**んです。じっくり読み込んでも、なんとなく流し読みしてもかまいません。あとで振り返ってみたら「そういえば行動パターンがちょっと変わったかも…」と気づく人もいるでしょうし、読んだそばから〝あれ？〟と思う人もいるかもしれません。何かを〝信じる〟必要はありませんが、もし読み終えたあとに「あれ、いつの間にか少し考え方が変わってる…？」と感じたら、作戦成功です。

「自分事」として、気楽に読んでみてください

本書に登場する８つのキャラクターは、いずれも一見ネガティブで、「うわ、めんどくさそう…」と思える奴らばかりです。でも、彼らが繰り広げるやり取りの中に、ご自分を重ねてみてほしいんです。

- 「あ、自分も人前でビビるキョヒロー入ってるかも…」

・「え、ひっくんの〝どうせ無理〟って、普段の口癖じゃん…」

そんなふうに読みながら、「自分も似たようなことあるな」とゆるく笑っていただければと思います。なにしろ、僕は本当にこれまで散々ポンコツをやらかしてきましたから、きっと突っ込みどころ満載だと思います。でも、それを笑いながら読んでいただけると嬉しいです。

読んだそばから変わらなくても大丈夫

本を書いた身としては、「読むだけで激変！」みたいな結果も面白いんですが、実際はたいていの方が「気づかないうちに少しずつ変わる」パターンになるのかなと考えています。まるで体重が徐々に減っているのに、毎日見ていると変化に気づきにくいのと同じです。月日が経って「あれ、そういえば前みたいに落ち込み続けることが減ったな…」とか「最近、少しチャレンジできるようになったかも」と感じたら、あなたの内側でアップデートが進んでいる証拠かもしれません。

感謝と「もう遅いはない」というメッセージ

最後に、ここまで多くの方の支えがあって、僕は病気から立ち直り、「思考が現実をつくるのかも？」と実感し、そして本書を書くまでにいたりました。家族や仲間、特に妻には足を向けて寝られません。僕のポンコツっぷりを笑って受け止めながら、たまには容赦なく指摘してくれる。そういうやり取りを通して、やっとここまで来られたんだと実感します。

「もう遅い」「これが限界」と思うのは、だいたい自分の思い込みだったのです。

僕が何度も痛感したように、〝変わろう〟と決めたら、意外なほどスルスル道が開けることがある。そのことを、本書の物語を通じて感じ取ってもらえたら幸いです。

さあ、それでは、物語とキャラクターたちの世界へようこそ。

どうぞリラックスして、あなたの〝ネガティブ〟が実は味方だったと気づく旅に出てみてください。読了後のあなたの変化や、ほんのささやかな気づきでもかまいません。きっと、その瞬間から新しい扉が開き始めると思います。

本書を手に取ってくださったすべての方に、心より感謝します。あなたの人生にも、思いがけないアップデートの風が吹きますように！

2025年2月

金子みつよし

弱さこそ最強の武器　8つの感情キャラクターで人生とビジネスを成功に導く心の力　目次

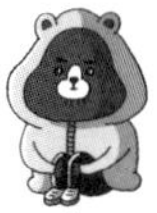

第2章　愛情撤退の打撃をユーモアで跳ね返せ
―ひっくんとねっちょりんの爆笑奮闘記

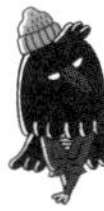

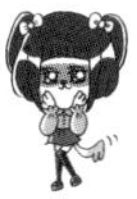

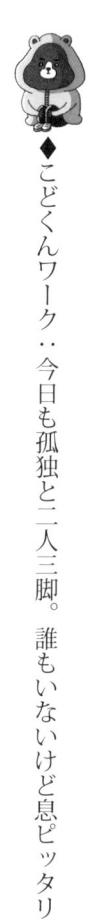

第3章 逃げてもグズっても、それでも進む？
――ニゲダスとグズッキーの逃走劇

第4章 迷い、そして稲妻のような自己批判！
—マヨイタイソン&セメルンダーの珍道中

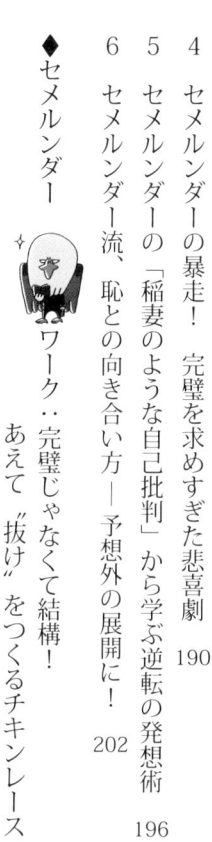

第5章　8つの個性で挑む究極の逆転劇！

8つの感情キャラクター紹介①

怖がり「キョヒロー」

個性の概要
「いつか拒絶されるぞ…」が口癖のビビり体質。

危ない橋は絶対渡らず、安全地帯に引きこもる鉄壁の守備派。常に周囲の“ヤバさ”を探知してオロオロしているため、ある意味怖がり界のプロ。

口癖　「ここにいれば安全だよね…多分」

座右の銘　「リスクはゼロに限る！」

孤独の「こどくん」

個性の概要
「１人が気楽」と言いつつ、本当は人恋しい矛盾人。孤独の沼に浸かって哲学するフリをしながら、たまに寂しさが滲み出る。人混みが嫌いで、そう聞かれたら「いや、別に…」とスネるタイプ。
口癖　「１人が気楽でいいんだよ、いや、本当だってば！」
座右の銘　「孤独とは、最高の贅沢だ」

卑屈の「ひっくん」

個性の概要

何に対しても「どうせ無理」と先に結論づける卑屈王。まわりを冷めた目で見下しつつ、内心「でもかまってほしい」と思っている面倒くさいひねくれキャラ。皮肉が大好物で、盛り上がっている場で水を差すのが得意。

口癖　「どうせ僕なんか、いや、別にいいけどさ」

座右の銘　「期待しない、期待されない、それが平和の秘訣」

ねばねば「ねっちょりん」

個性の概要

「愛されたい」欲求が激しすぎて、他人の一挙手一投足に振り回されるかまってちゃん。注目を浴びたいあまり、空回りしがち。可愛がられようと必死になり、自分を見失うこともしばしば。

口癖　「ねぇ、ちゃんと見てる？　ねぇってば！」

座右の銘　「愛されたい、今すぐに！」

8つの感情キャラクター紹介②

逃亡のプロ「ニゲダス」

個性の概要
ちょっとでもヤバそうなら即撤退、が信条の逃亡職人。危機が近づくと「あっ、ムリムリ」と言い残し、風のように消える。まわりから「逃げ腰」と言われても、いざというときには姿がない天才スプリンター。
口癖　「ここは一旦、退散で！」
座右の銘　「負けるが勝ち、退くが正義」

ぐずぐず大好き「グズッキー」

個性の概要
「まだ準備不足…」と先延ばしを繰り返す達人。何かにつけて完璧に考えたいあまり、結局まったく進まない。まわりが痺れを切らすのを尻目に、さらに熟考を重ねてタイミングを逃すぐずぐず界の重鎮。
口癖　「いや、まだ完璧じゃないから、もうちょっとだけ…」
座右の銘　「急がば回れを極める」

迷いの王様「マヨイタイソン」

個性の概要
選択肢を増やしすぎて、一切決断できない優柔不断キング。「いや、でも…」と迷い続け、目の前のチャンスを見送ることもしばしば。悩んでいる間に気づけば日が暮れていること多数。

口癖　「いや、どっちがいいと思う？　いや、でもさ…」

座右の銘　「選択肢は多いほど楽しい」

自分責めなら任せろ「セメルンダー」

個性の概要
些細なミスでも鬼のように自分を責め倒すセルフダメ出し魔人。「自分なんて…」と徹底的に追い込み、自己批判の無限ループへ突入。完璧を求めすぎて、周囲までヒヤヒヤさせる厄介キャラ。

口癖　「これもダメ、あれもダメ、全部ダメ！」

座右の銘　「自分に厳しく、誰よりも厳しく」

第1章 隔絶の打撃を笑い飛ばせ！

——キョヒローとこどくんの奇妙な冒険

1　中学生キョヒロー、難病と出会う

ある日、45年目にして出会った謎の爺

爺：さて、お主、ようやく顔を合わせられたのう。わしはまあ強いて言うなら〝気づきの神〟とでも名乗っておこうかのう、お前さんが子どものころから陰で見守ってきたんじゃよ。

僕：……は？　すみません、何ですかそれ。僕は45年も生きてきましたけど、あなたみたいな人間（いや、人間じゃない？）と会った覚えなんかないんですけど。というか、こういう〝目に見えない存在〟とか、正直信じられないほうなので……。

爺：おお、そりゃ聞いとった。お主は「この目に映らぬものは信じない」って口癖のように言うとったからのう。無理もなかろうが、ひとまず少し話してみる気はあるか？

僕：えー……まあ、あんまり乗り気じゃないけど、なぜか断るのも難しい雰囲気ですね。何なんですか？　どういうつもりで昔から見守ってたんです？

爺：ふふん、そこは後々ゆっくり話すとしよう。お主がちょうど今、ある〝節目〟にいるようじゃからのう。わしはその背中を押してやりたいと思っとるわけじゃ。ほれ、そんなに疑わんでもよかろう？

僕：疑うに決まってるでしょ。45歳にもなって、今さらこんなお伽噺みたいな出会いがあるなんて思えない。まあ……仕方ない、少しぐらいなら話を聞きますよ。

中学3年の僕と、始まりのマラソン大会

爺：では、お主がまだ中学生だったころの話を聞かせてくれんか？　わしが遠くから眺めとった光景を、お前さんの口から改めて語ってほしい。

僕：中学3年のころですね。今にして思えば、あれが人生の転機というか、1番の衝撃の始まりでした。冬にマラソン大会があって、校内行事で走るやつですね。それが…。

爺：むむ、何か思い出すだけで顔がこわばっとるのう。大丈夫か？

僕：いや、当時のことを考えると、ちょっと胸がザワッとします。あの日、最初は脇腹が痛くなって「やばいかも」って思ったけど、走り続けたらまわりがどんどん後ろに下がって、気づけばトップ。息はきつかったですけど、何というか「このまま優勝しちゃうんじゃ？」ってうわついたんです。

爺：ほう、鼻高々だったんじゃな？

僕：そうですね。「僕はサッカーで推薦取る予定だし、成績も悪くないし、友達多いし、

何もかもうまくいくはず」なんて思い込みがありました。ところが、気づいたら病院のベッド。父が怒鳴って、母が泣いて……あれが人生の崩れ始めでした。

病院で突きつけられた〝難病〟の現実

爺：そりゃ相当な衝撃じゃろう。お主、その時はまだ十数年しか生きておらんのに、大病を背負うなんて思ってなかったじゃろう？

僕：全然思ってなかったですよ。倒れる直前の記憶は曖昧で、覚えてるのは独走して「やった！」ってテンション上がってたところまで。次に気づいたら病室。母は泣きじゃくるし、父が医者に詰め寄ってるし、「え、何が起きたの？」と頭が真っ白になりました。

爺：医者は何と言っておったんじゃ？

僕：始めは病名も原因もわからずで検査しまくって、1か月半後に判明したのは「横紋筋融解症」という病気だと…。筋肉が溶けるらしく、次倒れたら死ぬかもしれないって言われて…。もう、本当に「冗談きついよ」って思いました。サッカーの推薦どころか、運動なんて無理かもと言われて、絶望でしたね。僕はまさか自分がこんな〝弱い身体〟になるなんて想像だにしてなかったんです。

爺：そこで初めて、若きお主は〝自分の思い描いていた未来〟から引きはがされる痛みを味わったわけじゃな。まわりの大人たちの反応はどうじゃった？

僕：父は医者に「なんでこんなことに！」と怒り散らし、母は廊下で泣き崩れて、「命が危ない」とまで言われてたらしいです。でも僕には実感がなくて、痛みもそこまでじゃなかった。だから「え、死ぬとか何言ってるの？」って感じで……受け止めきれませんでした。

拒絶心が生むキョヒローとの出会い

爺：当時のお主は、「こんなはずない」「なんで僕だけ」という拒絶心でいっぱいじゃったろう。わしには、その拒絶が〝キョヒロー〟という存在を大きくしていった様子が見えていたぞ。

僕：キョヒロー……。昔の僕には見えなかったし、**今でもよくわからないけど**、「**自分じゃない何かが心を支配してた**」ように感じます。とにかく「認めたくない」気持ちでいっぱい。「こんな難病なんか知らないし、あり得ない！」って、必死で否定しようとしてた。

爺：それがキョヒローのささやきじゃや。「**お前はこんなの受け入れなくていい**」「**現実なんか嘘だ**」**とささやきながら、お主の心を封じておった。**結果はどうじゃ？ まわりにどう接するようになった？

僕：もう無気力でした。頑張っても無駄だって思うし、サッカーは諦めろと言われるし、成績だって頑張るモチベーションないし。「何をしても報われないのなら、最初からやらなくていいや」みたいな。友達にも明るく振る舞っていたけど、内心はどんどんしんどくなっていきました。

爺：それでもまわりはお主を心配して声をかけてくれたじゃろう？

僕：ええ、友達は「また一緒にサッカーできるっしょ？」って言ってくれたりしたんです。でも、僕は「うん、きっとね」と返しつつ「いや、そんなの無理なんだよ」と心のなかでつぶやいていました。

何も言わずにイライラして、親にもまともに話さなくなって……。もう、深い穴に落ちていく感覚でした。

爺に打ち明ける僕の思い

爺：そして45歳になった今、わしと初めてこうして直接会話をしておるのじゃな。お主はそれまで、わしの存在を認めてこなかったが……どうじゃ？　話してみた感想は？

僕：（苦笑しながら）正直、まだ信じきれてませんよ。「見えないものは信じない」派の僕ですから。それでも、こうして喋ってると不思議と隣に誰かがいるように感じるんですよね。いや、実際いるんですけど。だけどやっぱり昔から見守ってたとか言われても、「うそでしょ?」って気持ちは消えません。

爺:ほうほう、まあ疑ってくれて結構。だがのう、お主が今回、わしに自分の過去を話してくれたのは事実じゃ。ほんの少し心を開いたというわけじゃな。

僕:それはまあ…何でしょう、あなたの妙な空気に乗せられたというか、話さざるを得ないというか。気づけば根掘り葉掘り、昔の病気のことや中学時代の挫折をしゃべってましたね。あまり人には言いたくなかったけど、不思議とポロポロ出ちゃった。

爺:「不思議」で結構。わしとしては、お主が45歳にしてようやく過去の拒絶を見つめ直す気になったのが何よりの収穫じゃ。キョヒローという存在を、あのころ少しでも意識しておれば、もう少し楽に生きられたかもしれんからのう。

僕:そうかもしれない。あの時は「**こんなの僕じゃない!**」**って必死に叫んでたから**。今こうして思い返せば、それが自分を守る盾だったんですよね。僕はあの時、傷つきたくなくて逃げただけ。でも結果的に、いろんな人との関係がぎくしゃくしてしまった気がします。

爺:じゃが、長い年月を経て、こうして話せるようになったのじゃからよいではないか。お主は今、わしを半信半疑とはいえ、拒絶ばかりじゃないだろう?

僕：うん、ちょっとだけですけど。あんまりこういうスピリチュアルっぽい話は信じてないんだけど、それでも爺が言うことには妙に納得できる部分があるんです。こういうのを〝気づき〟って言うんですかね。

爺：そのとおりじゃ。わしの役目は〝気づき〟を与えること。お主の人生はお主が歩くしかないが、新しい視点を提示するのはわしに任せてくれればいい。

さて、お主、今の心境はどうじゃ？　わしに少しは打ち明けてよいと思えたか？

僕：……そうですね。正直、出会ったときは「何だこの爺は」って思いました。けど、話してるうちに、昔の苦しかった時間を少し笑って語れる自分に気づいて、驚いてます。あの入院の時は絶望のどん底で、何もかも拒絶してた。今はあのころの自分をちょっと客観的に見られる気がします。

爺：ほう、それが親密度というやつじゃろう。最初は「こいつ怪しい」「こんなの信じられない」と思っておったが、今はわしの顔をちゃんと見て話しておるじゃろう？

僕：（照れ笑いで）そうですね……。多分、最初はゼロだった信頼がちょびっとだけ上がったんだと思います。まあ、まだ3ぐらいかな。すぐ「全部信じる」とは言えませんけど。何かあれば突っ込む気満々ですからね、僕は。

爺：ふふ、よかろう。そんな距離感で十分じゃ。わしはお主の45年をずっと見てきたが、いよいよ一緒に歩く時が来たのじゃろう。あの中学生のころの拒絶を、今ならいっそ笑い飛ばせるかもしれん。次はお主がどうその経験を糧にするか、わしも楽しみに見守っておるぞ。

僕：はい。これから先、どんなふうに爺が介入してくるのかわからないけど…少なくとも僕の過去を受け止めるにはよい機会かもしれないですね。あの苦い思い出を、笑い話にできる日が来るなら、悪くないかもしれない。

爺：そうじゃそうじゃ、笑うてみい。中学3年で倒れ、将来を失ったと思い込んだときの絶望だって、いずれ「キョヒローのおかげで強くなれた」と思えるかもしれんぞ。まあ、先は長い。ひとまず今日はここまでじゃな。

僕：(深呼吸して)わかりました。45年、こんな出会いがあるなんて思ってなかった。でも、爺に話して少しすっきりしたかも。次はもう少し突っ込んだ話をしてみるので、覚悟してください。

爺：むろん、望むところじゃ。わしこそ、準備万端じゃよ。それにしても、お主がこうして話してくれるとはな…最初はゼロだったのが〝親密度3〟まで来たわい。

僕：え、まあ、いいか。何だかんだで嫌じゃない気がしてきたので。

爺：ふふ。

2 キョヒローVS医療界
――慎重すぎるあまりの珍エピソード集

慎重な足取りが生む奇妙な空気

爺：さて、お主、中学時代に「横紋筋融解症」と診断されて長く入院したと言うておったな。いったい病院でどんな日々を過ごしとったんじゃ？

僕：いやもう、医者も僕も全員が「未知の相手」と格闘してる感じでした。初めの2週間くらいは誰も病名を断言できなくて、僕はベッドに寝たきりのまま、「これ、ほんとに助かるのかな…」とビクビク。看護師さんたちも「あの先生、どう言うかな…」と小声で話し合ってるのが廊下から聞こえてきて、まるで不安を煽られてるようでした。

爺：ふむ。大人たちも慌てていたのじゃな。お主としては、その場面をまるで映画の観客みたいに眺めておったのか？

僕：そうなんです。というか、「自分は主役のはずなのに、全然台本がわからない即興芝居に巻き込まれた」という感覚でした。だって医者は「まだ検査が…」とか「うーん、この値がおかしい」とか、ひたすら慎重になってて。一方の僕は子どもだから「ねえ、もっと詳しく教えて」と訊きにくい。悪循環ですよね。

採血に怯える日々

爺：採血だけで何十本も血を抜かれたと聞いたが、それはどういう状況じゃった？

僕：（苦笑い）毎日「ごめんね、ちょっと数値をもう1回確認したくて」と言われて、何度も針を刺されるんです。もちろん医者や看護師さんも本気で僕を救おうとしてたんだろうけど、当時の僕は「これ以上刺さないで！」と心の中で叫んでました。でも、怖くて声には出せない。

爺：怖いとは、医療行為そのものか？　それとも自分の体がどうなるかの不安かのう？

僕：両方ですね。針は痛いし、あれほどたくさん検査するってことは「ヤバい病気に違いない」という疑念を掻き立てられる。キョヒロー――つまり僕の中の〝拒絶〟が「ほら、やっぱり無理なんだ」とささやいてました。「ここまでやっても不確実なら、どうしようもないな」って。

カーテン越しの会議にモヤモヤ

爺：医者たちは廊下でこそこそ相談し合っていたそうじゃが、この状況、お主から見てどう映ったんじゃ？

僕：よかれと思っての慎重さなんでしょうけど、正直「不安倍増」でしたよ。「あの薬は大丈夫か」「水分量をどうするか」ってひそひそ話す声が漏れ聞こえてくる。僕は「そんなに怪しいなら、はっきり言ってよ！」と叫びたかった。だけど実際は黙り込んで、自分の身体のことなのに他人事みたいに見守るしかなくて。

爺：なるほどのう。まるで集団が足並み揃えず、かえって疑心暗鬼を誘う構図じゃな。お主はそこでも質問できなかったのじゃろう？

僕：できなかったです。「これ、大丈夫ですか？」と訊いたら「君には危険かもね」なんて返ってきたらどうしよう、と勝手に恐れてました。学校じゃ先生に意見を言えたのに、病院では黙ってしまう。あれは〝命を握られてる〟って感覚が大きかったんですね。僕もまだ中学生で、親も混乱してるし。

爺：そこでキョヒローが育つわけじゃな。「どうせ何言っても無駄」「最初から諦めよう」とささやき続ける。知らないうちに拒絶が増大していくんじゃ。

僕：そうです。自分の体なのに、僕は「1歩引いて見てるだけ」。医者は医者で「間違いたくない」「未知だから慎重に」という気持ち。どっちも悪くないけど、コミュニケーションが少ないから、モヤモヤが積もっていくんです。

僕の疑念と医師たちの必死さ

爺：とはいえ、今振り返ると、医師たちは真面目にお主を守ろうとしていたのではないかのう？

僕：はい、冷静に考えればそうなんです。あれだけ採血したのも、少しでも悪化しないかとか細かく確認するためだった。見えない部分で色々調べてくれたし、僕が「これでいいのかな…」と黙ってる間にも、向こうは失敗しないように必死でした。

爺：その必死さと、お主の必死さがすれ違ったということじゃな。両方が慎重になりすぎると、結果的に不安が拡大するのかもしれん。

僕：そうですね。僕は子どもなりに「怖いから口を出さない」、医者は「未知だから大胆な判断はしない」。それでお互いに〝曖昧な時間〟が増えるんです。でも本当は、どこかで一言「実はこういうリスクがあるけど、こういう方針でやります」って説明してくれたら、もう少し安心できたかもしれないし、僕も質問しやすかったかもしれない。

慎重さが教えてくれたこと

爺：それでも、今はこうして笑い話にできるようになったんじゃろう？　あれほど怖かった採血や廊下のささやき声も「こういうことだったたんだな」と思えるようになったのじゃな。

僕：（頷きながら）ええ、当時は地獄のようでしたが、今は「まあ、あの時医者も僕も右も左もわからなかったんだ」と思ってあげられる。自分も未知の病気で混乱したし、向こうも「ここまでレアな症例はそうないぞ」と緊張してたはず。

爺：そういう理解が、結果的にお主を強くしたわけじゃな。慎重は悪でもなく、失敗もないが突破もない、そんな面もある。

僕：そうですね。あの経験があったからこそ、僕は「**人はわからないものに対していかに臆病になるか**」**を学んだ**気がします。そして臆病になるのは決して悪じゃなくて、そこから1歩踏み出すには何が必要か——つまりコミュニケーションや説明、そして勇気——が見えるようになったというか。

爺：しかし当時のお主は、それに気づく余裕がなかった。「これヤバいよ」とキョヒローがささやき続けておったからのう。

僕：はい、もう「うわー、最悪だ、サッカーもダメかも、死ぬかも」なんてばかり考えてた。医者の態度もリスク回避の現れだったのに、「こんな曖昧なことばかりじゃ絶対失敗する」って悲観的に受け止めてました。でも振り返ると、医者たちが必死に僕を救ってくれたからこそ、今こうして生きて話してるわけで、感謝してますよ。
爺：キョヒローはそこでお主をさらに拒絶へ誘ったが、同時にお主の命はちゃんと守られておった。それこそ人生の皮肉じゃな。
僕：ええ。その皮肉を笑えるのは今だからこそ。病室で30回以上の採血をされたころは笑いなんて出なかったですけど、今はちょっとネタにできる。「昔は僕、めちゃくちゃ採血されて貧血気味だったんだよ〜」とか友達に話すと「マジか！」って驚かれます。
爺：なるほどのう。その慎重さとキョヒローのささやきが混ざり合って、お主の思春期は大きく揺れ動いた。次はどうする？　お主は退院後、また学校へ行ったじゃろう？
僕：(深いため息) 行きました。だけどサッカーの推薦は絶望的。クラスメイトも「お前、もう運動ダメなの？」なんて聞いてきたり。でも病院で慣れた〝慎重モード〟が抜けず、何をどう答えていいかわからない。心にも〝ここまでにしとこう〟みたいな壁ができていました。
爺：そうか。それが「キョヒローの防御壁」というやつじゃな。お主が何を失ったのか、どんな風に周囲から隔絶されていくのか、そこもなかなか味わい深いのう。
僕：味わい深いって…。当時は苦しかったんですけどね。でもま、今なら喋れるかな。医者たちとの珍エピソードをこうして笑い交じりに振り返れたように、学校での防御壁もいずれ笑い話にできるでしょう。
爺：うむ、それをわしも期待しておるぞ。
僕：了解です。いやー、それにしても当時を思い出すと、いまだに針を刺される夢を見るときがありますよ。でも「それもあって、俺は助かったんだ」と思えば少し気が楽です。
爺：（ニヤリと笑う）それこそ学びじゃ。慎重さはネガティブに働きやすいが、同時に命を救う行動でもある。お主がそこに気づいたのは大きいのう。
僕：ですね。そっか…笑い飛ばすって、案外いい作戦かも。よし、じゃあ気合い入れて思い出してみますか。当時は本当に沈んでたけど、今振り返れば少し〝珍エピソード〟とも言えるから……。
爺：そうじゃ、その姿勢が大事じゃ。ほれ、わしは耳を傾ける準備ができておる。いつでも語ってみい。
僕：はい、わかりました。採血の注射よりはマシな痛みで済むといいんですけどね…。

3 キョヒローの「隔絶」という名の防御壁
——その功罪を探る

退院しても続く隔絶の感覚

爺：さて、お主、ようやく退院できたときのことを話してみい。体は外に出られるようになったじゃろう？

僕：はい。体はある程度動けるようになりました。まわりからは「おめでとう」「よかったね」と言われるわけです。でも、僕の内側では、入院中に育ってしまった〝隔絶〟の感覚がずっと続いていたんです。まるで病室の檻を心の中に持ち帰ってしまった、そんな感じでした。

爺：ほう、退院しているのに、まだ自由を感じられなかったか。どんなときにその隔絶を意識した？

僕：1番わかりやすかったのは、学校に戻った初日ですね。クラスメイトは「おかえり！」って笑顔で迎えてくれました。だけど、僕は「この人たち、自分の痛みなんてわかるはずがない」と心のどこかで壁をつくっていました。表面では「ただいま」って笑っても、胸の奥で「どうせ通じない」と思ってしまうんです。

爺：その壁は、入院中に強まったとお主は言っておった。要は「外の世界と自分を隔てる防御壁」じゃな。確かに病院にいる間は役立ったかもしれんが、退院後はどうじゃ？

僕：病院では「もう誰にも理解されないんだ」と勝手に決めつけて、壁に守ってもらってたんです。傷つくぐらいなら、初めから関わらないほうが楽というか。でも退院して学校に戻ると、その壁が逆に邪魔になりました。「まわりが優しくしてくれるほど、なんだか居心地が悪い」って状態で。

壁が守るものと、失わせるもの

爺：なるほどのう。壁をつくることで痛みは避けられるかもしれんが、同時に人との繋がりも遠ざける。

僕：まさにそうなんです。病室にいるときは「どうせ自分は特別に不幸だ」と思い込んでいたから、壁があったほうが安心でした。入院してる間は誰からも質問されずに済むし、無理に明るくする必要もない。でも退院してみると、みんなが「もう元気？」と声をかけてきて、僕は「うん、まあね…」と曖昧に笑うだけ。

爺：その時の心の声はどんなものじゃった？

僕：（少し黙ってから）「元気なわけない」「わかってくれるはずがない」「また病状が悪化するかもしれないし」というネガティブな思いが渦巻いていました。でも、相手を拒絶したくないから、一応ニコニコはする。でも心の深い部分では「近づかないで」って思ってたんです。

爺：それが〝隔絶〟じゃな。まわりには笑顔、でも心は閉じこもったまま。壁が確かにお主を守ったが、何を失わせた？

僕：失わせたのは、**人に本音を言う機会でしょうか**。「やっぱりまだ体が痛いんだ」とか「実はすごく怖いんだ」とか、誰かに話せればよかったのに、言えない。せっかくまわりがサポートしようとしてくれてるのに、僕は「関わると痛い思いをするかも」と疑ってしまってました。

クラスメイトとの再会とぎこちなさ

爺：お主、クラスメイトが笑顔で迎えてくれたとき、どんなやり取りを交わした？

僕：たとえば、A君が「お、久しぶり！　また一緒にサッカーやろうぜ」と言ってくれて、僕は「うん…そのうちね」って曖昧に返すんです。
でも心では「無理なんだよ。わかってないなあ」と思ってた。

実際、医者から「激しい運動は危ないかもしれない」と言われてるし、何より僕自身が〝もうサッカーは諦めたほうがいい〟と思ってましたから。

爺：そこで素直に「実はまだ怖い」「医者に止められてる」と伝えられれば、仲間も理解したじゃろうに。

僕：そう、今ならそう思えます。**でも当時は、その言葉を出すのが怖かった**。「もし話しても『大げさだよ』『お前の弱音なんて聞きたくない』と言われるかも」とか考えてしまう。結果、1人で悶々として「やっぱりこの人たちに僕の気持ちはわからない」と決めつけてました。

爺：それはキョヒローがささやいておるな。「拒絶しておけば安全じゃ。下手に傷つくよりマシだ」そういう声が頭を離れんかったんじゃろう？

僕：ええ、まさしく。僕が苦手なのは「拒絶される」ことなんだと思います。だから先にこちらから壁をつくる。たとえまわりが受け止めてくれそうでも、「まあどうせわからないから」って切り捨てるほうが楽でした。でもそれは**結果的に僕をより孤独にしていったんです**。

爺：それはなかなか辛かったのう。

僕：そうなんです。それでも当時は切り捨てるほうが楽だったんだと思います。

キョヒローが育てる孤独

爺：病室で生まれた拒絶感を、そのまま外の世界に持ち込み続けたわけじゃな。

僕：そうなんです。学校にいるのに、どこか病室のベッドでうずくまってる感覚が抜けない。

先生に「調子どう？」と訊かれても、「大丈夫です」と笑うだけ。でも「本当は全然大丈夫じゃない」って思う。このギャップが苦しかったですね。友達にも先生にも何となく距離ができて、家族にも「うん、平気」とか言うばかりで、本当の気持ちは隠してました。

爺：それでも表向きは日常が回ってるわけじゃな。まわりは、「もう退院したんだから元どおり」と思うかしれん。しかしお主の心は隔絶のまま。

僕：そうです。誰も悪くないのに、僕だけが妙に孤独を感じる。「退院おめでとう」という祝福がむしろしんどい。健康に戻ったわけじゃないし、サッカーの夢も絶たれたし、何より〝次倒れたらどうしよう〟という不安が消えない。そういうネガティブを抱えたまま、キョヒローがどんどんささやくんです。「ほら、踏み込んだらまた苦しむぞ」って。

爺：キョヒローは確かにお主を痛みから守ろうともしているのじゃろう？　だが、**それは**

同時にお主の可能性も封じる。「どちらも得られず、壁の内側に閉じこもれ」と促すわけじゃな。

僕：はい。壁に閉じこもってると安心はするんです。「誰にも干渉されないし、嫌なことも言われない」。でも一方で、誰かが僕を理解しようとしてもブロックしてしまう。結果、何も変わらない。病室にいたときと同じ孤独な状態が延々と続いてしまいました。

壁を壊すために見えた一筋の光

爺：そんな中でも、お主はいずれ「このままじゃいけない」と思ったじゃろう？　きっかけは何だったんじゃ？

僕：（小さく息を吐きながら）ある時、部活仲間が「お前が来てくれるだけでいいんだよ」と言ってくれたんです。僕は「体は動かせないし、何もできないよ」と返したら、「ただ見ててくれるだけでも頼もしいんだ」って。あれは衝撃でしたね。

爺：ほう、それは意外な言葉じゃな。

僕：そうなんです。「僕がプレーしなくても、そこにいるだけで嬉しい」って言われて、「え、そういうこともあるの？」と初めて知りました。少なくとも僕のまわりには、僕を拒絶しようとしてる人ばかりじゃなかったんだなって。

壁に閉じこもってたのは一方的に僕だけだったって気がついたんです。

爺：そこから「もしかしたら壁はいらないのかもしれない」と思うようになったかのう？

僕：正直、すぐに「壁なんて壊そう！」とまではいけませんでした。でも、「こんなに頑丈にしておく必要はないかもしれない…」と思い始めた。自分から1人で病室を再現してただけなんじゃないかって。そう思うと、壁が少しずつ緩む感じがしたんです。

爺：なるほど。それが〝隔絶〟の功罪じゃ。病気で辛い間は自分を守る壁も必要だったが、退院後も引きずってしまうと、お主は外の世界と繋がる道を逃してしまう。

だが、**その壁はお主自身がつくったものゆえに、お主が壊せる**。

僕：そう思います。今なら笑いながら「いやー、あの壁、けっこう居心地よかったです」と言えますし、「でもずっと壁の中じゃ寂しいでしょ？」とツッコミを受ける余裕もある。あのころは「そんなの嫌だ、僕は1人でいい」と思い込んでただけでしたから。

爺：それこそ大きな学びじゃ。壁が悪いわけではないが、用が済んだら手放す勇気も大事。お主が退院後も壁にこもった経験は痛かったろうが、それを経て「外に出よう」と思えるのが強さじゃな。

僕：はい、あれがなければもっとボロボロになっていたかもしれないし、逆にあれをずっと手放さなかったら友達との関係も途絶えていたかも。功罪、まさにそうですね。

爺：ならば、次はキョヒローワークとやらで、もう少し掘り下げてみるかのう。壁の正体を自分の言葉で認識すると、さらに解放が進むかもしれんぞ？

僕：よし…やってみます。キョヒローとのつき合いはまだ続きそうだけど、もう〝壁のなかに1人〟は卒業したいので。よろしくお願いします、爺。

キョヒローワーク：守りたい孤立か、踏み出したい1歩か

まとめ

- ほう、お主が隔絶の壁を築いておるのは、やはり自分の痛みを知られたくないからじゃな。キョヒローのささやきに従うほど、外の世界を拒み、安全地帯にこもろうとするんじゃ。
- 病室での不安が根を張り、「どうせ誰も理解しない」と思い込み続けることで、壁はどんどん分厚くなる。そりゃあ、わしから見ても気持ちはわかるがのう…。周囲を拒絶するほど、お主を癒すきっかけも遠ざかる。いまこそ壁を開き、過去を受け入れ、そこで、真の気づきを得よう。

- 1度築いた壁を壊すのは勇気がいるが、その壁が強いほど、人との絆は遠ざかっていく。自分を守る鎖が、実は成長や助けを拒む鎖でもあることを知っておくとよいぞ。だからこそ、その鎖を解けば、孤独すら味方に変えて、次へ進めるんじゃ。繋がりを取り戻す行動も、自由に選び取ればよい。
- 「お前は特別だ、苦しみをわかち合えない」とキョヒローがささやくたび、お主は孤立を深めてしまうじゃろう。しかし、壁を開けば意外にも「味方がたくさんいた」とわかるかもしれん。
- だからといって壁が完全な悪でもない。孤立によって守られる心もある。ただし、ずっとこもったままでは何も変わらぬ。いざというとき勇気を出し、壁を開くことがお主を解放する鍵になるんじゃ。

キョヒローからの３つの問い

①「なあ、お前、ほんとは外の世界に興味があるんだろ？　でも『どうせ受け入れてもらえない』って逃げてるの、何でかわかってるのか？　自分のこと、もっとわかってやれば？」

②「『この痛みをわかってくれる人なんかいない』って言うと、少しだけホッとしてないか？　その孤立が居心地いいなら、あえて変わらなくてもいいんじゃないの？」

③「壁の中にいるとき、お前はどんな〝得〟を感じてる？　ちょっと寂しいかもしれないが、それでも『安全』とか『面倒くさくない』って思ってないか？　だから抜けられないんじゃないのかい？　抜けられない自分が居たっていいんじゃないか？」

爺からの３つの問い

①「お主が壁を築いている理由は、本当に〝理解されない〟ことだけかのう？　もしかすると、相手は想像以上に耳を傾ける用意があるかもしれんぞ？」

②「もし壁の一部を崩してみたら、実はお主が得られる助けや共感が予想以上に大きい可能性はないか？　壊してみる前に〝どうせ無理〟と決めつけてはおらんかのう？」

③「お主が壁の中で守っているのは、痛みや恐怖だけではあるまい。そこには大切な想い

も隠れているのでは？　もし外へ出してやれたら、お主の未来はどう変わるかのう？」

4　こどくんの秘密基地作戦
──孤独を味方につける驚きの方法

孤独の暗闇に潜む秘密基地

爺：さて、お主、キョヒローの壁と向き合った後、まだ何か物足りないと感じてはおらんか？

僕：そうですね。壁の存在はわかったんですが、退院後の僕は〝誰とも本音を話せない孤独〟に沈んでいました。壁だけじゃ説明つかない気がして…。

爺：ふむ。そこで登場するのが「こどくん」というやつじゃ。こどくんは「孤独の化身」でありながらも、お主を不思議な形で支えてくれる存在かもしれんぞ。

僕：支えるって、ただ寂しくなるだけじゃないんですか？　入院中も退院後も、人に囲まれてるはずなのに、心はどこか凍りついていたんです。誰かに声をかけられても「どうせわかってくれない」と思うし、1人でいると「孤独が苦しい」と感じる。

爺：そこがこどくんの面白いところじゃ。何の用意もなく〝孤独〟に落ち込めば、ただの暗闇かもしれん。だが、こどくんはその闇を「秘密基地」に変える術を持っておる。要は、お主が孤独をどう扱うかによって、悲しみで終わるか、成長の場となるかが変わるわけじゃ。

退院後の孤立感と心の声

僕：退院して学校に戻ったとき、クラスメイトは「おかえり！」って笑顔で迎えてくれました。でも僕はどう反応していいかわからず、ひたすら笑ってごまかすしかなかった。心の中では「どうせわかんないだろう」って壁をつくってしまったんです。

爺：まさにキョヒローとこどくんの合わせ技じゃな。表面では壁を築き、内面では孤独を深めてしまう。

僕：ええ。友達の明るい声に戸惑うたび、僕はひっそりと「何でこんなに違うんだろう」と自問自答しました。誰にも「正直つらいんだ」とは言えないし、「でもそれを話してどうなる？」という不安もあった。だから余計に1人で悶々として…。

爺：その状態こそ、こどくんがつくり出す「静かな空間」にお主が入り込んでいる証拠じゃ。

寂しさの中で自分の内面を振り返り続ける。退院後のクラスで過ごす日々が、まるで透明の檻のようじゃったろう？

僕：本当にそんな感じでした。まわりには笑顔があふれているのに、僕だけは気配が薄いみたいで。1人でいると「もうずっとこのままかな」と思うし、誰かが「大丈夫？」と声をかけてくれると「大丈夫だよ」と笑う。だけど本当は不安や虚しさが止まらない。

こどくんと秘密基地

爺：そこでこどくんは、お主に「1人の時間」を与える。孤独を嫌いながらも、その中でお主は自分と向き合うしかなくなるじゃろう？

僕：確かに。夜、1人で布団に入ると、強制的に心の声と対峙することになりました。「今日は誰とも本音で話せなかった」「本当はわかり合いたいのに、どうしてできないんだ？」って。黙っているうちにどんどん内省が深くなって、ちょっと嫌でしたけどね……。

爺：嫌でもあり、でも大切な時間でもある。こどくんはその時間を〝秘密基地〟としてお主に提供しておる。つまり、自分の思いや未練、そして不安を探す場じゃ。

僕：「秘密基地」って表現、少しワクワクしますね。でも当時は「ただの暗闇」でしたよ。孤独感が重くのしかかって、出口もわからず閉じ込められてるような感覚でした。

爺：それはお主が最初、その暗闇を活かす方法を知らなかったからじゃろう。こどくんは

「1人のときこそ、自分の深い声が聞こえるぞ」とささやくが、同時に「誰も助けてくれないからな」ともささやく。善と悪、両面を持つのが彼の特性じゃ。

孤独のメリットを知るまで

僕：今なら、あの孤独のおかげで「自分は本当はサッカーが好きなんだ」とか「友達に甘えたいんだ」と気づけた気がします。でも当時は「好きなんて言っても仕方ない」「甘えたら嫌われるかも」って思い込んで、1歩を踏み出せませんでした。

爺：そこで〝秘密基地〟が助けをくれるんじゃ。表向きは何も変わらなくても、お主が心の中で「本当はどうしたい？」と問い続けることで、少しずつ**自分の欲求や感情を理解し始める**。あの夜ごとの自問自答が、やがてお主の行動を変える種になったかもしれんのう。

僕：確かに。布団の中で「ああ、やっぱり僕はサッカーをあきめきれない」とか、「友達と本気で笑い合いたい」とか、いろいろ頭に浮かんで。そのときは実行できなかったけど、心のどこかで「いつかは壁の外へ出よう」と思い始めていたんでしょうね。

爺：それこそがこどくんの力じゃ。孤独を否定するだけなら、ただ寂しい思いをするだけ。しかし、そこを「自分の気持ちを探る場所」に変えてみると、1人だからこそ発見できることがある。それが孤独のメリットなのじゃ。

僕：（しみじみと）今になってようやく理解できます。あのころは「寂しい！　もう嫌だ！」と思ってたけど、その叫びが自分の本当の望みを照らし出してくれたんですね。「嫌だ」と思うってことは、それを変えたいという意思でもあるわけで。

キョヒローとこどくん：同じ根、異なる花

爺：さて、お主はキョヒローも抱えておったな。2人とも内なる感情のキャラクターじゃが、どう違うか、そろそろハッキリさせてみるかのう？

僕：そうですね。キョヒローは「拒絶」を恐れるあまり、高い壁を築いて他人を遠ざける。こどくんは「孤独」を恐れるあまり、1人の世界にこもろうとする。共通してるのは「外界からの傷を避けたい」って思いですけど、表れ方が違う気がします。

爺：うむ、簡単に言えばキョヒローは「拒絶」に敏感で、外の評価に怯えて行動を制限する。一方こどくんは「見捨てられたらどうしよう」と怖れて、1人きりの世界を安全地帯にしようとする。この**2人の共通点は**「**恐れ**」だが、方向がやや異なる。

僕：たとえば、キョヒローは「まわりの目が怖いから無理しない」、こどくんは「どうせ誰も理解してくれないから1人でいい」。同じように守りの姿勢を取りながら、キョ

ヒローは壁、こどくんは秘密基地、って感じですよね。
爺：まさにそうじゃ。それぞれがお主を守ろうとするが、同時にお主の可能性を狭めてしまう。共通するのは「恐怖」、違うのは「何を怖れているか」。
僕：なるほど。2人の共通点は「怖いから守りたい」、違いは「守る方法や意識の向けどころ」か…。それを知ると、キョヒローの壁とこどくんの秘密基地がそれぞれ一長一短だってわかってきました。
爺：そこが大事じゃ。お主が壁をつくるのも、1人の時間を保つのも悪じゃない。**問題はそれがずっと続いて、外界との繋がりを完全に断ってしまうかどうか、**じゃのう。
僕：そうですね。壁がないと即傷つくし、秘密基地がないと自分を見失うかもしれない。でも必要以上に籠りきると成長の機会も逃してしまう。それがキョヒローとこどくんの功罪か…面白いような、厄介なような。
爺：(笑いながら) 厄介だからこそ面白い。お主はこの2人を「敵」じゃなく「味方」へと変えられる可能性がある。壁を必要なときだけ使い、秘密基地で考える時間も大切にする。でも、外の世界へ踏み出す日も忘れない。そうすれば最強じゃ。
僕：なるほど、2人は似て非なるものだけど、根っこは同じ恐れから来てるんですね。じゃあ、こどくんの秘密基地があってもいいし、キョヒローの壁があってもいい。ただ、それに縛られすぎないように使いこなす意識を持つことが重要、と。

爺：そうじゃよ。お主は孤独に苦しんだ経験を「自分を知る時間」に変えられたんじゃろう？　それがこどくんの力。キョヒローの壁もまた、危険から身を守る一時的な盾としては有効かもしれんのう。

僕：はい、でもたぶん昔の僕はその折り合いがわからず、長い間こもりっきりでした。でも今なら……こどくんが見せてくれた**「秘密基地の中の自分の本音」**を大事にしながら、いつかそこを出よう、と思えます。

爺：よし、それでこそ先へ進める。次は「1人飲み会」とやらに移るとするかな。1人飲み会の極意を聞きたいというなら、いつでも話すぞ。

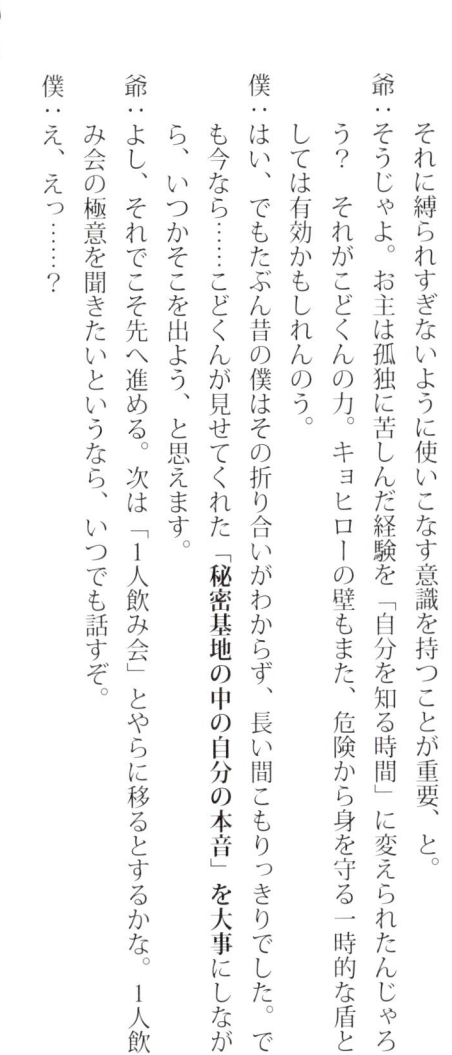

僕：え、えっ……？

5　こどくんの「1人飲み会」で学ぶ自己対話の極意

1人の部屋から始まる会話

爺：さて、お主、こどくんが教えてくれるという「1人飲み会」の極意を聞いてみたいか？

僕：はい。正直、最初は「そんなのただの独り言では？」って思ってました。けど、孤独の中にいるときこそ、自分の声が1番大きく響くって感じはわかる気がします。

爺：ふむ。こどくんの「秘密基地」を活かす方法の1つが、1人飲み会じゃ。どうせなら楽しく孤独を味わいながら、自分と向き合ってみるがよい。

僕：楽しく…ですか。そんな都合よくいきますかね？

孤独を語り合う小さなテーブル

爺：実際にやってみるのが早いじゃろう。ほれ、部屋に小さなテーブルと飲み物を用意し、1人飲み会を始めるのじゃ。

僕：実際にここでやるんです？　まあいいでしょう。じゃあテーブルも準備して、と……。えっと、これが僕の席と、こちらが……誰の席？

爺：（笑いながら）お主が「自分自身」をもてなすための席じゃよ。椅子は1つでよいが、ちょっと広めにスペースを取って、イメージとしては〝2人〟いるようにするのがコツじゃ。

僕：要するに、目の前の席には僕の〝内なる声〟が座っていると思えばいいんですね。

爺：そうじゃ。案外、その席にはキョヒローやこどくんが来るかもしれん。だが今日の主役はお主自身じゃよ。

1人飲み会に誘われるまで

僕：昔の僕は、こんなふうに自分だけの飲み会なんて考えもしませんでした。そもそも「孤独は嫌だ」「誰かと一緒にいないと不安」って思ってたから。

爺：そうじゃな。人は孤独を避けがちじゃ。だが、こどくんは「それでも1人で過ごす時間をつくりなされ」と教えてくれる。

そこでこどくんがやっておるのが、この〝1人飲み会〟じゃ。

僕：こどくんは自分に向き合う時間を大切にしたい、でも孤独は苦しい、という矛盾を抱えてた存在ですよね。でも今考えると、矛盾こそ人間らしいというか…。

爺：うむ。矛盾を活かしてこそ新たな発見があるのじゃ。お主が退院後、孤独に沈みながらも「誰にも理解されない」と嘆いたあの夜。もし1人飲み会をやっていたら、もっと素直に「本当はこう思ってるんだ」と口に出せたかもしれん。

第1のルール：責めすぎる客は呼ばない

爺：まず1つ目は、「自分を責めすぎない」ことじゃ。お主の中には後で紹介する「セメルンダー」という厄介な奴が潜んでおる。そやつを飲み会には招かぬことじゃ。あれが来ると、酔った勢いでお主を徹底的に批判し始めるからのう。

僕：セメルンダー…？　それ誰ですか？
爺：まあまあ、その話はまた後じゃ。今は1人飲み会に集中せい。
僕：つまり、第1のルールは「自分を責めすぎない」。セメルンダーはお断り、ですね。確かに僕も、静かな部屋で「なんでこんなにダメなんだ？」と責め出すと止まらなくなる…。
爺：うむ。1人飲み会は「自分を罵倒する会合」ではない。孤独という空間を活かし、建設的に内面を見つめるための時間じゃ。責める客が混じれば、せっかくの酒が苦くなるだけじゃろう。
僕：でも、自分の悪い部分を反省したい気持ちもあります。そこはどう折り合いつければいいんでしょう？
爺：**反省と自己否定は違うんじゃ**。反省は「次はどうするか」を考えるためのステップ。自己否定は「どうせ僕はダメだ」と未来を塞ぐ行為。そこを分けて考えるがよい。
1人飲み会では**自分を許すことが先決**じゃ。

第2のルール：褒める場をつくる

爺：2つ目は、「自分を褒める時間をつくる」ことじゃ。小さなことでもよい。「今日は早起きした」とか、「仕事をなんとかこなした」とか、それだけで十分じゃ。
僕：うーん、早起きぐらいで褒めるのはどうなんですかね…。
爺：どうじゃ、お主、何か1つぐらい褒めたいことがあるじゃろう？
僕：そうですね……じゃあ、「カップラーメンをきっちり3分でつくれた」とか？
爺：おお、それでよいんじゃ！　……いや待て。それは褒めるところか？　麺が伸びんかったからよし、という話か？
僕：（笑いながら）確かに、ちょっと褒めるポイントがおかしい気がしますね。
爺：ともあれ、小さなことでも自分を褒める。それが大事なんじゃ。そうやって心を温め、次に進むための力を貯めるんじゃよ。

第3のルール：感情を正直に受け止める

爺：3つ目に大切なのが、「自分の感情を〝正直に〟受け止める」こと。怒りや悲しみ、恥ずかしさ、いろいろあるじゃろう。
僕：はい。これまで僕は、そういう負の感情が出てくるたびに目をそらしたり、表向きは笑ってごまかしたりしてきました。
爺：1人飲み会の場では、〝笑わずに済む〟し〝泣いてもかまわぬ〟。なぜなら、他に誰もおらんからのう。感情をそのまま表に出していいという安心感があるじゃろ？

僕：（ふっと笑い）確かに。もし友達の前で声を上げて泣いたら「どうした？」って驚かれそうだし、家族の前でも「大丈夫？」と心配される。でも1人飲み会なら誰も邪魔しないし、好きなだけ泣ける。

爺：そういうことじゃよ。泣き疲れたら本音が出やすくなるかもしれんし、怒りたいなら1人だからこそ安全に爆発させられる。そうやって**感情を解放**すれば、お主の本心も見えやすくなるというわけじゃ。

僕：なるほど。感情を正直に受け止める…確かに、誰にも見られないなら恥じる必要もありませんね。

乾杯！　自分と未来を讃える

僕：自分を褒めたり、本音を聞いたりして、最後はどう締めくくるんですか？

爺：（笑いながら）そうじゃ。「お疲れ、自分。お前がいるから僕はここにいる」と杯を交わすんじゃよ。まるで相棒に向けるように、自分自身とコミュニケーションを結ぶ。

僕：いいですね。僕はなんとなく、今までは寝る前に心がざわざわするとき「あーもうダメだ」と沈むだけでした。でも乾杯って儀式なら、「やり切ったな、自分」って感じに変わりそうです。

爺：そのとおり。「今日もお疲れ、自分」「明日も頼むぞ、自分」そんな言葉をかけるだけで、案外気持ちは軽くなる。これが1人飲み会の締めじゃよ。

小さな痛みを笑いに変える

僕：（椅子に座り直しながら）ここまで聞くと、1人飲み会ってなかなかいいですね。自分をないがしろにしないためにも、いまからでも遅くないし、やってみようかな。

爺：よかろう。何も特別な酒でなくてもいい。お茶でも水でもかまわぬ。大事なのは〝対話の場〟を自らつくることじゃ。

僕：なるほど。でも1人飲み会って聞くと、やっぱりちょっと寂しげなイメージがつきまといますね。

爺：（首を振り）寂しさを認めつつ楽しむのがこどくんの真骨頂じゃよ。「今日はカップラーメン3分守れて偉い！」と笑いながら乾杯すればよい。笑いがあれば、孤独も悪くないと思えるじゃろう？

僕：そっか、こんな小さなことでも笑いに変えられるなら、孤独もほんのり暖かいものになりそう。

爺：それでよい。楽しみながら、同時に心の奥底の感情も許してやるんじゃ。泣きたくなったら泣いてもいい。怒りがあれば叫んでもいい。

僕：うん…。ああ、本当にいろいろあったな、入院中も退院後も。「どうせ僕なんて」って卑下してた自分を思い出します。でも、1人飲み会で振り返ると少し優しい気持ちになれます。

爺：なぜかわかるか？ お主が**自分を受け入れ始めておるから**じゃよ。確かに苦しかったが、それでも生き抜いてきた自分を褒められるようになったということじゃ。

僕：そうか…。あ、今ちょっと泣きそう。でも誰もいないから大丈夫か。うん、泣きそうって意外と悪くないな…と思えます。こんなに素直になれたのは初めてかもしれない。

最後の乾杯と次への1歩

僕：わかりました。じゃあ、これからもっと気軽にやってみます。もちろん、人と飲み会するのも好きだけど、1人の時間も面白いと思えるようになったかも。

爺：うむ、それがこどくんの望みでもある。誰かと楽しむ時間もいいが、1人で心を整える術を持っておくと、お主の人生はずっと過ごしやすくなる。

僕：（深く息を吐きながら）本当にそうですね…。こどくんの孤独が悪いばかりじゃないってわかっただけで、なんだか自分の心に余白ができた気がします。

6　こどくん流「ぼっち」が武器になった驚きの展開

ぼっちの入り口：孤独への抵抗

爺：さて、お主、こどくんの「1人飲み会」で孤独を自分の味方にし始めたようじゃが、まだどこか半信半疑ではないかのう？

僕：正直なところ、はい。確かに1人飲み会を通して、自分と向き合う孤独の時間が悪くないって思い始めました。でも、それが武器にまでなるなんて、にわかには信じがたいですよ。

爺：（微笑みながら）そこが人の常じゃな。「孤独＝寂しさだけ」と思い込むと、なかなかその先の可能性が見えんものだ。だがのう、お主がぼっちで過ごす時間を、ほんの少し違う角度から見てみれば、意外な展開が訪れるかもしれんぞ。まずは「ぼっち」を〝自分だけの空間〟として意識してみるがよい。

爺：試しにちょっと視点を変えてみい。ぼっちの寂しさが、実は新しい可能性を育てる種になるかもしれんのう。

自分だけの視点を見出す

僕：自分だけの空間、ですか。確かに1人でいると、誰の顔色も気にしなくていいメリットはあります。でも、その分、疎外感が強まるんですよね。クラスのみんなが集まってワイワイしてる中に入れないと、自分だけすごく浮いてるような気がして。

爺：それは自然な感覚じゃろう。人は群れで生きる生き物じゃからのう。仲間から外れると不安になるのは当たり前。じゃが逆に考えれば、群れの中にいれば絶対に得られない視点があるのも事実じゃ。

僕：視点…？　それって、たとえばどんな？

爺：むかし、お主が退院したあと、部活仲間を遠巻きに眺めながら「僕はもうあんな風に走れない」と思っていただろう？　あの時、お主が感じたことをもう少し深掘りしてみるんじゃ。群れの中心にいたら、おそらく見えなかったはずの **〝外からの視点〟** というものを得ていただろう？

僕：ああ、確かに。サッカー部で走り回っている友達を見て、「あいつら、よくあのスピードで動けるな。自分は無理だけど、もっと違う方法でサッカーに関われないかな」と考えたりはしました。

爺：ほほう、そこじゃよ。そのときすでに〝ぼっち〟だからこそ得られる観察者の視点をを持っていたわけじゃ。もしお主がプレーヤーとして混ざっていたら、そこまで冷静に仲間の動きを見ることはなかったかもしれん。

僕：なるほど。そういえば、退院後に出場機会がないままベンチから試合を見ることが多かったとき、「こうすればもっと連携できるのに」と気づいたりしたことがありました。でもそれを言う勇気がなかったんですよね。

爺：それが〝ぼっちの1歩目〟じゃ。気づきはあるが、言葉にできない。そのもどかしさが次のステージへの扉になるんじゃ。もし言葉にできれば、チーム全体に貢献できるかもしれんだろう？

群れから外れたからこそわかるもの

僕：でも実際には、その視点をチームに還元するほどの自信はなかったんです。「どうせ僕なんて」「もう身体も昔ほど動かないし」って思いが強くて。

爺：そこにキョヒローが絡んでおるわけじゃ。「拒絶されたらどうしよう」という不安が、お主の口を塞いでいたんじゃろうな。群れから1歩下がって見ていると、有用なアイデアは浮かぶかもしれんが、それを発信する勇気がないまま終わってしまう。

僕：そうなんです。それで結局、ぼっちはぼっちのまま。でも、あのころを振り返ると、確かに外から見える景色はありました。仲間がどう動いて、どこに空きができてるかとか、僕だからこそ見えたものがあったのかもしれません。

爺：それこそ「ぼっちの武器」と言える。群れの中にいると当たり前に見過ごしてしまう情報を、外にいるからこそ得られる。たとえば、「誰が苦しそうだ」「誰が余裕がある」「どうすれば連携が取りやすい」など、俯瞰視点とも言えるのう。

僕：でも、せっかく気づいても、それをどう活かせばいいのかわからないんです。僕はただ「こうすればいいのに…」と思いつつも黙っていたし、みんなに言う勇気もなかったから。

爺：黙っていたのはもったいないが、当時は仕方あるまい。お主が「行動できない」自分を責める必要はないのじゃ。むしろ「1人だからこそ気づけたことがある」という事実に目を向けるとよい。後にそれが大きな力になるかもしれんからのう。

ぼっちが武器になる瞬間

僕：でも、爺、1つ疑問があるんです。たとえ俯瞰視点を得られても、最終的には仲間がいたほうがよいような気がするんです。ぼっちで一生終わるのは寂しいじゃないですか。

爺：それはそうじゃ。群れに戻るなり、新たな仲間を得るなり、人は社会的生き物じゃからのう。だが、こどくんのぼっちが武器になるのは「1人でしか得られない強み」を見つけたときじゃ。

僕：強み、か…たとえば、僕が部活の外から見て得た観察眼みたいなものですか？　でもそれを活かすには、結局まわりに伝えなきゃ意味がないような。

爺：そうじゃ、だからこそ「ぼっち」で築いた視点や自由を、今度は外に向けて使う。お主が心の中だけで気づいていても、周囲との協力がなければ大きな成果には繋がらんじゃろう。

僕：うわぁー、当時の僕に教えてやりたかった。何度も「これ言ったらみんなどう思うかな」って尻込みしてたし、「ぼっちで得た気づきなんて役に立たない」と思い込んでました。

爺：それこそキョヒローが「拒絶されたらどうする？」とささやくからじゃ。だが、こどくんは「いや、せっかく得た視点を捨てるのか？　もったいないぞ」と背中を押している。
お主がその声を聞けるかどうかが鍵じゃのう。

僕：ところで爺、ぼっち生活を楽しむにも、必ずしも1人が最高ってわけじゃないですよね？　やっぱり友達や仲間とワイワイするのも楽しいし…。

爺：もちろんじゃ。孤独を武器にするのは、1人で全てをこなせという意味ではない。お主が1人で過ごす時間にこそ得られるものがあり、それが仲間と共に何かをする場面で活きるのじゃよ。

僕：なるほど。じゃあ一生ぼっちでいろ、って話ではなくて、ぼっちでも動じない強さを得て、人と一緒にいるときも自分らしくいられる…そんな感じですかね。

爺：そうそう。むしろ「**ぼっちの時間が楽しい**」**と思える人間は、群れの中でも自分を失わずにいられる**。逆に言えば、寂しさが怖くて群れに依存すると、いつまで経っても自分の意見や行動が持てなくなってしまう。

僕：ああ、それはよくわかります。昔の僕がそうだったから。「1人になるくらいなら、まあいいや」と自分を曲げて他人に合わせてた。でも今考えると、それは自分らしさをどこかで失っていたような。

爺：（ニヤリ）ふふ、よかったわい。お主はもうこどくんの武器を半分は手にしておる。あとは勇気を出して「自分が気づいたこと」を外に向けて表現するだけじゃ。

僕：そうか、それが本当にできたら、ぼっちは強力な武器になる…かもしれないですね。行動する前に躊躇しちゃう癖はまだあるけど、少なくとも内心で「ぼっちだから何もない」ってのは違うって気づけました。

爺：この気づきこそが、次なる行動に繋がるじゃろう。そろそろ〝ぼっち〟で培った力を試す時期かもしれんのう。

爺：さて、お主、ぼっちの力はわかったな？　だが、もう少し話は続くぞ。こどくんと一緒につくり上げた「1人飲み会」と「秘密基地」、そして「ぼっちの武器」。まだまだ深い活用法があるかもしれん。名づけて、「花開く〝ぼっち〟」じゃ！

こどくんワーク：今日も孤独と二人三脚。誰もいないけど息ピッタリ

まとめ

- ほう、孤独に浸る時間をただ寂しいと嘆いておったら、こどくんの真価は見えてこぬ。あやつはお主に〝独りの強み〟を手渡す存在じゃ。
- ぼっち状態が続くと、世間の騒ぎから距離を置ける。これはお主にとって新しい視点を得る好機でもある。そりゃ寂しさはあるが、その分〝自分なりのやり方〟を編み出す余裕もあるんじゃ。
- 1人になったからこそ気づけること、考えられることがある。そこを軽んじて「みんなと同じでなくちゃ」と思い込むのは惜しいのう。
- 「どうせ僕だけ」と卑下して動かないままでは、こどくんの力を活かせん。むしろ孤独を味わい、そこから得た独自のアイデアや観察眼を外の世界に発信してみるがよい。
- ぼっちは決して恥じゃない。お主のペースを保つ大事な拠点じゃ。だが、そこに籠りっきりでは進まぬ。必要なときに外へ出て、得たものを活かす。それが〝こどくん流ぼっち〟の極意じゃ。

こどくんからの3つの問い

①「なあ、お前さ、実は〝1人の時間〟がちょっと居心地いいって感じてない？　その〝楽チン〟さを手放したくないから、動かないんじゃないのかい？」

②「友達が楽しそうにしてるのを見ると、心がズキッとするよね。だけど、それを理由に『やっぱり僕だけが特殊なんだ』って思い込みたい自分、いないか？」

③「孤独を『暗いもの』と決めつけるほど、実は〝安心〟してるんじゃない？　〝どうせぼっちなんだ〟と言っとけば、変わらなくて済むからさ」

爺からの3つの問い

①「お主が〝ぼっち〟のときに見つけた考えや発想、もし周囲に伝えたら意外と『面白いね』と言われる可能性はないかのう？　先入観で捨てておらんか？」

②「1人でいる自分を責めてはいないか？　そもそも孤独な瞬間は、心を休ませる大事な時間かもしれんぞ。そこを嫌悪せず、〝あえてのぼっち〟と受け止められるか？」

③「お主が孤独の中で得た気づきを〝ほんの少しでも人に話す〟と決めたら、世界との距離はどう変わる？　失敗を恐れるばかりでは、せっかくの武器が錆びぬかのう？」

第2章

愛情撤退の打撃をユーモアで跳ね返せ

――ひっくんとねっちょりんの爆笑奮闘記

1　病床のひっくん、自己否定との滑稽なダンス

ひっくんの登場：卑屈の化身はこうやって姿を見せた

爺：さあ、第2章に入ったところで、いよいよ「ひっくん」というやつを紹介する時がきたようじゃな。わしは物理的にはお主と会ったことはなかったが、陰からずっと見守っておったからこそ、この話はしっかり伝えておきたいんじゃよ。

僕：僕としても聞いておきたいです。…ただ、「ひっくん」っていうのは結局、何を象徴してるんでしょう？　名前からして嫌な予感がするんですけど。

爺：うむ。そやつは「自己否定」の化身。お主が「どうせ俺なんて…」とつぶやくたびに、布団の中からひょっこり顔を出しておったのじゃ。

僕：ああ…退院後のあのころ、僕は本当に布団から出る気がしなかった。少し動くたびに「痛い」「しんどい」って思って、もうまわりに申し訳なくて…。結果的に「自分なんてもう何もできない」って自分で自分を卑下し続けてたんですよね。

爺：その自己卑下こそ、ひっくんが踊りまくるためのエネルギーじゃ。外から見れば「そこまで悲観しなくても…」と感じるが、本人にとっては死活問題じゃろう。

僕：めちゃくちゃ必死でしたよ。今になって思うと笑えるくらい「どうせ無理」「どうせ意味ない」って連呼してました。あまりにも本気で落ち込んでるから、自分で見ても痛々しいくらい。

爺：まさにそれがひっくんの踊り。「落ちるところまで落ちてみるか」と思った瞬間に、彼は張り切ってお主を布団へ引き戻す。ところで、なぜそこまで落ち込む必要があったと思う？

僕：…うーん、あのころの僕は「立ち直りたいけど、立ち直れる気がしない」っていう葛藤だらけでした。もし頑張ってダメだったら、もっと傷ついちゃうので、先に諦めるほうが楽だと思ったんです。

爺：それじゃよ。その「本当は立ち直りたい」という願望があるからこそ、ひっくんが存在できる。**もし最初から何も求めていないなら、そこまで卑屈になる必要すらない**わけじゃ。

僕：言われてみればそうですね…。あれだけ「ダメだ」と思うのは、実は「何とかしたい」の裏返しだと。今ならすんなり理解できるけど、当時はそんなこと全く考えられませんでした。

爺：当時はお主もわしの存在すら知らんかったろう。わしは遠くで「ああ、こやつはまだ踏み出せぬか…」とじれったく思っていたんじゃよ。だがそれもお主のペースじゃから、仕方ないと思うておった。

病床の布団でくすぶっていた僕：どうせ無理、が口癖だった日々

僕：退院後、まわりからは「焦らなくていいよ」と言われたけど、僕自身は「いや、でもこのままじゃ何も変わらないし…」と焦ってたんです。で、動こうとすると痛みがあって「やっぱり無理だ」ってすぐ布団へ逆戻り。

爺：そのループが長く続けば続くほど、ひっくんは「お主の布団こそ最強の城壁」だと吹き込んでいたわけじゃな。外の世界に出れば失敗が待っているかもしれん、と脅かすようにな。

僕：確かに、怖かったんですよ。下手に「大丈夫かも」と期待して裏切られるのが1番嫌で。だから「最初からできない」と決めつけるのが楽だと自分に言い聞かせてました。

爺：結果として、お主は周囲のサポートすら「申し訳ない、僕なんかが頼っていいはずない」と拒んでおった。そうすると、さらに孤立してしまうという負のスパイラルに陥る。

僕：まさに。負のスパイラルっていう言葉がぴったりです。人が優しくしてくれるほど、自分のダメさが際立つようで余計落ち込んでましたね。

爺の観察：卑屈さの裏にある秘めた希望

爺：じゃがのお、そこまで卑屈になるということは「本当はこうなりたい」って夢があった証拠でもある。お主が何も望んでいなかったら、落ち込む理由もなかろう？

僕：今はそう思えます。当時はたぶん、「せめて体が楽になったら…」「普通に歩けるようになったら…」とか、めちゃくちゃ必死に祈ってたんです。でも、**うまくいかないのが怖くて、自分で自分を否定しておけば少しは楽に感じた**んですよね。

爺：わしが影で見ているかぎり、お主ほど必死に「無理無理」と叫ぶ人間は珍しかった。だからこそ「この者はきっと自力で立ち上がる意志があるのだろう」と確信できたんじゃよ。あの落ち込みっぷりは相当だったがのう。

僕：苦笑いするしかないけど、そうだったんでしょうね。あまりに深く沈むあまり、今、振り返ると可笑しいくらいですけど。当時は生死を分けるほどの問題だったというか、大袈裟に思ってました。

踊り終わった先に見えた光：自己否定から1歩踏み出したきっかけ

僕：結局、僕があの状況から抜け出せたのは「ここまで落ち込むってことは、実は諦めたくないんだな」という自覚が生まれたからでした。布団の中で「もうやめたい」と思いつつも、ふと「でもホントにやめたいのか？」という声がして…。

爺：そこが転機じゃな。お主が立ち上がり、「1度試してみるか」と行動したら、周囲も予想以上に助けてくれたというじゃろう？

僕：そうなんです。怖かったけど人に「すみません、手伝ってもらえますか」と声をかけたら、意外と「いいよ、どんどん言って」と返されました。それで「あ、俺が勝手に『どうせ無理』って思ってただけか」と気づけたんですよね。

爺：そうやって卑屈ダンスを踊り尽くした後、布団を抜け出す1歩を踏めた。わしとしては「ああ、やはりこの者は希望を捨てておらんかった」と安心した瞬間じゃったわい。

僕：それでも最初は怖かったですけどね。「もし失敗したらどうしよう」「また動けなくなったらどうしよう」って。でも、そこで**何もせずに後悔するよりはマシだと思えた**んです。あれが大きな1歩でした。

僕と爺の新しい旅：卑屈さを笑いに変えるために

僕：…というわけで、あのひっくんが象徴する自己否定の時期は、今なら冗談混じりに語れます。当時は本当に地獄みたいでしたけど、こうして爺に話すと少し軽やかに思い出せるから不思議ですね。

爺：それがわしとお主の「新しいスタート」というわけじゃよ。わしはお主のことをずっと遠目で見守ってきたが、これからは横に並んで歩ける気がする。お主も何かあれば、さっさと頼ればよい。

僕：ありがとうございます。最初に会ったときは戸惑いもありましたが、そういう存在がいてくれるってちょっと心強いかも。影から見守るだけじゃなくて、もっとバンバン口を挟んでくださいよ。

爺：ふふ、それは大いにやるつもりじゃ。お主の卑屈さがまた顔を出したときも、わしは迷わず言いに行くぞ。「そろそろ踊りをやめて、布団から出るがええ」とな。

僕：そのときは…多分また恥ずかしながら「え、無理です」と言いそうですけど。でもどこかで「いや、ちょっと頑張るか」と思える自分が育ってきてると思うんですよね。

爺：それで上等じゃ。踊って、落ちて、笑って、結局はまた前へ進む。そういうお主の人間臭さを、わしはずっと面白く見ておったし、これからも楽しみにしとるわい。

僕：人間臭さ…そういう言い方、嫌いじゃないです。何というか、完璧に立ち直るんじゃなくて、少しずつ悩みながら進むのが僕らしいのかも。爺、いろいろとありがとうございます。次の話題も、ぶっちゃけ同じように落ち込み気味なんですけど…一緒に振り返ってもらえます？

爺：もちろんじゃとも。お主の「謙虚すぎて要らぬトラブルになった日」について聞いてみたいしのう。さらに深掘りして、笑える部分を見いだしていこうではないか。

僕：よし、じゃあ次のステップに行ってみますか。卑屈からちょっとだけ脱却した僕が、別のやらかしをする話ですが…それもきっとお笑い種《ぐさ》になる…はず。

2 ひっくんの「謙虚すぎていらぬトラブルをつくった日」
——実話に基づく喜劇

中学時代の思い込みが今も尾を引く

爺：さて、前回はお主が「自己否定」を抱えた中学生時代を振り返ったのう。あのころはスポーツを続けたくても、身体がなかなか追いつかない状況だったじゃろう？

僕：はい。病気の影響があって、普通に運動するのが厳しかったんです。まわりの友達はどんどん実力を伸ばしていくのに、僕は動くだけで精一杯で…。正直、やる前から「こんな身体で全力を出せるわけないって、ずっと思ってた」んですよね。

爺：ほう、その心情が、その後もずっとお主の行動を縛ることになるとは、この時点では想像できなかったじゃろう？

僕：まったくです。中学時代は「病気のせいで練習できない」って事実を理由にして、「いくら練習しても、体力が持たないんだから結果なんて出るわけない」と自分に言い聞かせていました。そりゃ確かに体調面でハンデはあったけど、内心はもっとやりたかったんです。**でも怖くて、ちゃんと向き合うことすら避けてた**んだなと、今になって思います。

爺：なるほど。じゃが、その「諦める前に自分を守ろうとする」姿勢が、大人になってからも影響しておるわけじゃ。では、そろそろ社会人になったころの話に移ろうかのう。あのサプリ販売キャンペーンで、お主がどんな騒動を引き起こしたか、今こそじっくり語ってみい。

サプリ販売のキャンペーンに潜む中学時代の残像

爺：時は社会人31歳。お主はサプリ販売事業を任されておったが、当時はどんな気持ちで仕事をしていた？

僕：最初は「これを成功させれば会社にも貢献できるし、自分も成長できるかも」とわくわくしていました。でも、ひっくんがささやく「どうせ無理だ」「自分には無理だ」という声が消えなくて…。あの中学時代のスポーツに未練を抱きつつも、「まともに動けないのは病気のせいだし、負けても仕方ないって自分に言い聞かせてた」ころの感覚が甦ってきたんです。

爺：つまり、「せっかく与えられたチャンスなのに、しくじったらどうしよう」という不安が強くて、実際に行動する前から逃げ腰じゃったわけじゃな。まるで中学生のころと同じように、病気を言い訳にする心が影響していたかもしれん。

僕：病気自体は落ち着いていましたが、「無理したらまた体が壊れるかもしれない」とか、「もし失敗したら取り返しがつかないんじゃないか」と考えると、どうしても「僕じゃできない」と後ずさりしてしまう。あの中学時代の部活の悔しさを思い出す一方で、**全力で取り組む勇気は出せなかった**…そんな感じですね。

爺：お主は結局、リーダーとして旗を振るべき場面で1歩も動かず、周囲が勝手に動くのを黙って見ておったそうじゃな。なぜ「動かない」選択をした？

僕：「**動いて失敗するより、やらずにいたほうが傷が浅い**」**っていう考えがあったん**です。中学のころから頭のどこかに刻まれた「いくら頑張っても病気のせいで負けるなら、はじめから頑張らないほうがマシ」という思い込みが続いてた。社会人になっても、その思いが完全に消えたわけじゃなかったんですね。

職場の混乱を呼び寄せた「謙虚」という隠れ蓑

爺：なるほど。中学時代の「スポーツができないなら練習しても意味がない」と自分を誤魔化してきた感覚が、ここで「自分はリーダーなんか務まらない」につながったわけじゃ。

僕：まさにそうです。しかも、それを表面的に「僕は大したことないです」「いや、僕なんてやらなくても、もっと適任な人が…」と言って、謙虚ぶっていました。本当は責任から逃げたいだけだったのに。

爺：結果、まわりは誰もリーダーシップを執らないままゴタゴタが広がり、在庫管理や予約スケジュールが混乱した。お主はその惨状を見て、内心どう感じとった？

僕：「ほら、僕じゃやっぱり無理でしょ？」と自分を守る言い訳にしていました。でも一方で、まわりが怒り出すたびに、僕は「どうしてこんなに険悪になるんだ…」とビクビクしていた。中学時代も、練習しなかったせいで試合に負けても「ほら見ろ、やっぱり僕が動いたって勝てない」という感覚があって、同じ構図だと気づいても、どうにもならなかったんです。

爺：その「あのころと同じ」感じに気づいたとき、お主の心中には何がよぎった？　部活の試合で負けたときとは、状況がまるで違うがのう。

僕：頭の片隅で「これは逃げられないかもしれない」と思っていました。部活の試合はただ負けるだけで済んだけど、社会人は仕事ですし、まわりにも大きな迷惑をかける。だけどそれでも、責任を取るのが怖くて僕は黙り込むしかなかった。まるであのころ「練習不足で負けても自分のせいじゃない」と思い込んでいたのと同じ、卑屈な態度でした。

中学時代の負けを再現するような職場トラブル

爺：では、現場が混乱しきったとき、周囲の反応はどうだったんじゃ？　お主はすでに仲間外れのように扱われていたんじゃないか？

僕：部下は「誰も指揮してくれないから好き勝手やるしかない」とケンカを始めたり、上司は「何やってるんだ」と怒って僕を責めました。でも僕は心の中で「僕がリーダーなんて無理だと最初から言ったのに」と逆ギレしそうになっていました。これは中学時代に「いくら練習しても結果出せないし」と勝手に投げ出していたときの心境と、ほとんど同じでしたね。

爺：つまり、「どうせ勝てない」「どうせ動けない」という意識が、**大人になっても形を変えてお主を支配しておった**。だから社会人になっても「負けるなら、やらないほうがマシ」という発想が消えていないんじゃのう。

僕：ええ。実際、あのとき「こんな身体で全力を出せるわけないんだ」と中学時代に思いこんでいた自分が顔を出して、「仕事でも全力出して失敗するくらいなら、動かないほうがいい」とささやいていた気がします。今だからこそはっきりそう思えますけど、当時はそこまで分析できませんでした。

次へ続く1歩：家庭でも起こり得る同じ問題

爺：では最終的に、お主は1歩踏み出して事態を収拾させたと聞いたが、それで完全に解決したわけではないじゃろう？

お主の心の奥には、まだあの中学時代の影が潜んでおったはずだ。

僕：そうなんです。キャンペーンの混乱は遅ればせながら対応して、何とか形にはしました。だけど、中学時代から続く「逃げ癖」みたいなものが完全に消えたわけじゃありませんでした。結局、別のところでまた同じような問題が起きちゃうんですよね。

爺：ほう、具体的にはどんな問題かのう？　わしが影で見ておったかぎり、次はどうやら家庭での騒動らしいが…。

僕：そうです。職場でなんとか落ち着いたと思ったら、今度は家族との間で大きなトラブルが起きました。仕事とは違う場面なのに、根っこの部分は同じ「自分なんて」と卑屈になる気持ちが原因だったんです。

爺：なるほどのう。中学時代の経験が社会人になっても響き、さらに家庭でも同じパターンを繰り返そうとしていると。お主が「やっぱり僕が動いてもどうにもならない」と思い、また混乱が生まれたわけじゃな？

僕：まさに、そのとおりです。でも職場で学んだはずの教訓をうまく活かせなかった。中学時代の挫折と病気への恐怖が、家庭でも僕の足を止めさせてしまったんですよ。

爺：では次は、その家庭のトラブルについてじっくり話してもらおうか。お主がいかにして再び「どうせ僕なんて」に囚われたのか、わしも興味がある。

僕：わかりました。あのころの家族との衝突は、職場以上にしんどかったし、なぜか自分が中学時代の痛みをそのまま家庭に持ち込んでいるような感覚がありました。次のエピソードで、きちんと振り返ろうと思います。

爺：では楽しみにしとるぞ。中学生のときから続く卑屈の連鎖が、家庭ではどう表面化したのか。そこにこそお主の本質が隠れておるかもしれん。

僕：（深く息をつきながら）本質…そうですね。仕事では何とか踏ん張ったつもりだったのに、家族に対してはもっと甘えもあったから、より厄介になったのかもしれません。

話すのは少し怖いですが、今の僕なら笑って語れるかもしれません。

3　ひっくん流「自己受容」への険しい山道
——予想外の結末とは

静かに漂う不穏な空気

爺：さて、そろそろ、お主の家の中で漂っていた〝よくわからない重苦しさ〟について語ってもらおうかのう。どうやら大きなケンカや罵声が飛び交うわけでもないのに、まるで霧が立ちこめるように息苦しい雰囲気が続いていたそうじゃな。

僕：ええ、そんな感じでした。サプリ販売で責任を感じつつも、実際にはどう動いていいかわからずストレスを溜め込んでいました。とはいえ、怒鳴り散らすわけでもなく、ただ「どうせ僕が悪いんでしょ」という卑屈な態度を取ってしまって…。結局、家族も「何が問題なの？」と戸惑うばかりで、なんとなく暗い空気になっていました。

爺：うむ。その「なんとなく暗い」こそ始末が悪いのじゃ。お主が黙って「こんな身体で全力を出せるわけない」とか「いくら練習しても、体力が持たないんだから結果なんて出るわけない」と思い込んでいた中学時代と同じ根っこが、ここでも表れておるのではないか？

僕：はい。中学のころ、病気のせいで十分にスポーツができない時期があって、勝手に「どうせ叶わないんだから言っても仕方ない」と諦めていました。それが大人になっても綺麗に残っていて…。今回も「どうせ僕のせいだろう」と言い続けるだけで、結局何も要求しない。すると周囲には原因不明の嫌な空気が流れるばかりで…。

周囲に言えないモヤモヤ

爺：奥方や子どもは、何か気づいておったのかのう？　お主が文句を言うでもないのに、妙に塞いでいる。

僕：妻は「どうしたの？」と心配そうに声をかけてくれました。でも、僕は「いや、別に…」とか「なんでもないよ」と言って逃げてました。子どもにも「ただ疲れてるだけ」と濁して。けれど、心の中では「こんな身体で全力を出せるわけない」と中学のころと同じように自己否定が渦巻いていたんです。

爺：その結果、家にいるのにどこか他人行儀というか、みんなぎこちない雰囲気が続くのう。まるで空気が淀んでいるのに、誰も換気をしないまま、静かに苦しんでおる感じじゃ。

僕：そうなんです。ひどいケンカもなく、ただ僕が「僕なんか…」と落ち込んでいる。周りもどう声をかけていいかわからない。部活時代の仲間が「どうせ声かけたって無理でしょ」と思っていたのと似ていますね。結局、**誰も〝本当の望み〟をわからずに、黙って避け合っているん**です。

「どうせ僕なんか」が生む静かな破綻

爺：お主が中学生のとき「いくら練習しても、体力が持たないんだから結果なんて出るわけない」と決めつけていたように、今も奥方や子どもに「何かを求めること」が怖いのじゃろう？ **断られたら傷つくから、最初から諦めてしまうという発想**ではないか？

僕：まさにそれです。「もし拒まれたらどうしよう」とビクビクして、自分からは決して何も言わない。すると、家族は僕の本当の気持ちが見えずに「怒ってる？　疲れてる？」と戸惑う。僕はその戸惑いを見て「やっぱり僕なんかが望んでも理解されない」とまた卑屈になる…。堂々巡りでした。

爺：では、家事の分担とか、子どもとの遊びとか、そういう日常的なことも同じように曖昧になっておったのでは？　お主が「どうせ無理」「やっても仕方ない」と言い出さないまま、家中で不穏な空気が蓄積していく構図じゃな。

僕：はい。ちょっとしたお願いも言えず、「どうせできない」と思い込む。妻は僕に気を遣って「大丈夫？」と聞くけど、僕は「いや、僕のせいなんで」と卑屈になる。それで余計にまわりが困惑する。中学のころ、仲間に「お前、やる気ないなら試合出なくてもいいよ」と疎まれたのと、同じ空気がよみがえった感じですね。

気づいた「望みを言えない」苦しみ

爺：そこで何か転機があったかのう？　お主がこれを続けておれば、いずれ家庭も壊れていたかもしれんぞ。派手にケンカをするより質が悪いとわしは思うがのう。

僕：決定的だったのは、子どもが「お父さんと遊びたい」と言わずに自室にこもるようになった瞬間でした。あの日「あれ、子どもだって僕に何か望んでいるはずなのに」とハッとして…。僕と同じく「言っても無駄」と思っているのかもしれない、と考えたら急に怖くなりました。

爺：ほほう、それでようやく「こんな身体で全力を出せるわけない」と思っていた自分が、**その考えを子どもにも押しつけるような形で影響している**と感じたわけじゃな？

僕：そうです。もし子どもが、「言ってもどうせ叶わない」と諦めるようになったらどうしようと焦りました。中学時代の僕はまさにそうだったので、あの苦しさを子どもに味わわせたくなかったんです。

素直に言葉を伝える練習

爺：そこからどんな行動を取った？お主が望みを言うのは相当ハードルが高いと思うが。

僕：最初はすごく小さなことを口に出すところから始めました。たとえば、夕飯について「今日は○○が食べたい」というリクエストをしたり、休みの日に「ちょっと外出しようかな」と自分から提案してみたり。断られるのが怖かったんですが、思い切ってやってみると、意外と妻も子どもも喜んでくれたんです。

爺：なるほど。いきなり大きな要求じゃなくて、小さなリクエストを通じて「意外と大丈夫だ」という安心感を得たのじゃな。中学時代に「結果なんて出るわけないから練習しない」のではなく、少しずつ練習したら体力が持つかもしれん…という発想に近いかのう？

僕：全くそのとおりですね。昔は「どうせダメ」と1歩目を踏み出さなかったけど、今回は1歩を踏み出してみたら案外うまくいくという経験を重ねられました。それを何度かやっているうちに、妻や子どもが安心して僕に話しかける場面も増えましたし、家の空気がずいぶん柔らかくなりました。

卑屈から抜け出す鍵

爺：では、その中で学んだことをまとめると、お主にとって何が大切だったかのう？

僕：まずは「**自分が何を求めているのか**」**を素直に感じてみること**でした。僕の場合、「体が弱くて頑張れない」と思うあまり、何かを望むこと自体を諦めていた。でもそれが1番の原因だったとわかりました。言わずに黙っていれば家族も助けようがないし、結果的に誰も幸せになれないんですよね。

爺：お主が望みを言わないのは**謙虚でも何でもなく、単に「怖いから回避している」だけだった**わけじゃな。そこを認める勇気が出たのはなぜじゃ？

僕：子どもの姿が大きいですね。あの子に「お父さんって頼りないよね」と思われたくない気持ちもあったし、子どもが自分の望みを言えずに閉じこもってしまうのは見たくなかった。もし僕が黙ったままでいると、その空気を子どもも察して「やっぱり言ってても仕方ない」と感じてしまうんじゃないかと思うと、居ても立ってもいられなくなりました。

爺：それが「卑屈」の壁を突き崩すモチベーションになったわけじゃな。よろしい。お主が**恐れていたのは「否定されること」ではなく、「期待を裏切られる痛み」**じゃろう？

僕：はい。中学時代、いくら練習しても体力が持たないから勝てない…そのとき味わった挫折の感覚が今も離れなくて。「求めて叶わなかったらどうしよう」という思いが大人になっても消えませんでした。でも、子どもや妻に対して同じことはしたくないなと思ったんです。

爺：実際、言ってみると結構うまくいくこともあるし、たとえうまくいかなくても「卑屈に沈むよりマシじゃ」と思えるようになったかのう？

僕：まさにそうですね。大事なのは「言ったらどうなるかわからないけど、言わないと絶対に何も変わらない」という単純な事実でした。これを理解してから、家で「なんとなく不穏」な空気はだいぶ薄れました。

さらに進むために

爺：では、この先お主はどう進む？　まだ卑屈な気持ちが時折顔を出すじゃろうが、そのときの対処法は見えておるか？

僕：完璧じゃないですけど、先に「どうせ無理」と思い込む前に、一呼吸おいて「でも言ってみよう」と踏みとどまるように意識してます。中学時代と違い、今は家族や仕事仲間がいるので、僕が何かを望むことが相手のためにもなるかもしれない、と思うと動きやすいです。

爺：それが成長じゃのう。否定されるのが怖くても、黙って卑屈になるよりずっと建設的じゃ。お主がそうやって前に進むほど、家の空気も明るくなったじゃろう。

僕：はい。家族の反応を見ても、「やっと言ってくれたんだ」とホッとしている様子が伝わるんですよ。このまま少しずつ練習して「求めること」に慣れていきたいですね。昔のように「いくら練習しても、体力が持たないんだから結果なんて出るわけない」と自分で自分を否定するのは、もう卒業しなきゃいけないと思います。

爺：よろしい。それこそが**自分を〝受容〟する道**というわけじゃ。「こんな身体で全力を出せるわけない」と塞ぎ込むのではなく、〝それでも望んでみる〟勇気を振り絞ることが、お主と家族を幸せにするんじゃろう。

僕：そうですね、まだ道半ばですが、もう戻りたくありません。静かで不穏な空気を家族に味わわせたくないですし、僕自身も、もっと楽しく生きたい。そのためには小さな希望を声に出し続けようと思います。

爺：ではわしも隣で見守ろう。もしまたお主が黙り込んでしまいそうになったら、「最初から諦めるとまた同じことになるぞ」と声をかけるとしようかのう。

僕：（笑いながら）それはありがたい。どうせならコツンと頭でも叩いてくださいね。「お前、まだ卑屈やってるのか」って。

爺：ふふ、承知した。お主の家族も待っておる。**今こそ本当に望むことを言ってみるがいい**。そうしてみんなが自分の意見を言えるようになれば、きっとあの暗い空気は消えるじゃろう。

僕：頑張ります。これも一種の練習ですね。中学時代に諦めた分まで、今から少しずつ取り戻していきたいと思います。

ひっくんワーク：「どうせ…」を手放すための小さな1歩

まとめ

- ほう、自己否定というのはのう、失敗して傷つくくらいなら最初から諦めておけ、という〝防御術〟にもなるらしいぞ。お主が「どうせ無理じゃ」と引きこもるたび、実は自分を守ってるだけなのじゃ。
- 「どうせ…」を連発するほど、本当は何かを望んでる証拠じゃよ。「手を伸ばしたいんだけどな…」と心の奥で叫んでいるのに、自分で耳を塞いでおるのう。
- たとえば「ちょっと手伝ってもらっていいかのう？」とひと声かけるだけでも、自己否定をほぐす鍵になる。どれ、恥ずかしがらずに〝ちょっとだけ頼る〟のじゃ。
- まわりはのう、「言ってくれれば手伝うのに」と思っておる場合が多いんじゃよ。お主が悶々と黙りこむたび、みんな「まだ何も頼まれておらんが…」と首をかしげておるんじゃ。
- 自分を否定しっぱなしで布団の中におるより、ちょっとでも身を動かしたほうが気分は軽うなるもんじゃ。ま、転ぶかもしれんが、寝たまんまよりはよほど面白いからのう。

爺からの３つの問い

①「今〝どうせ無理〟と諦めていることは、本当に不可能なのか？ それとも、１歩踏み出せないだけではないか？」

②「もしまわりが〝お主の本音〟を知ったら、意外と協力してくれるかもしれないと思ったことはないか？」

③「自分が動かないせいで、結果的に周囲が困っている可能性に気づいたとき、何かやってみようと思えないかのう？」

ひっくんからの３つの問い

①「どうせ失敗するんだからやらないほうがいい、なんて思ってるんじゃない？ でも、本当はちょっとやってみたいんじゃないのかい？」

②「自分には無理って言っとけば、失敗して傷つかなくて済むよね？ でも、その代わりに何か大事なものを諦めてる気がしないか？」

③「どうせ無駄って言わずに、心の中で小さく思ってる希望を口にしてみたら、意外とうまくいくかも…なんて考えたこと、ないのかい〜？」

4 ねっちょりんの「愛の奪還大作戦」
――暴走のはてに見えた意外な真実

ねっちょりんの影――愛を奪おうとする存在

爺：ほう、お主、いまだに「ひっくん」だけの話で済むと思うとるんじゃないか？　実はもう1人、しつこく愛を奪おうとするやつが心の中にいたんじゃよ。名を「ねっちょりん」という。

僕：ねっちょりん…？　それって、もしかして「妬み」とか「執着」とか、そういう感情をかき集めてくる存在のことでしょうか。

爺：そのとおり。**相手に「もっと愛をくれ」「もっと認めてくれ」と無自覚に迫る、**非常にねばついた厄介者じゃな。周囲を気づかぬうちに疲弊させ、お主自身もますます孤立へ導くんじゃ。

僕：あのころ、僕は「もっと僕を見て」「もっと僕を褒めて」って言いたいわけじゃないのに、イライラばかりが積もっていました。でも不思議と、言葉にしてハッキリ要求していたかっていうと、そうでもない気がするんですよね。無意識のうちに「ほしい

ほしい」って思っていたというか…。

爺：ほほう。自覚がないのが、このねっちょりんの怖いところじゃ。それが態度や言葉の端々に出る。けれど、お主自身は「なんでこうなるんだ？」と原因がわからずもがくわけじゃな。

僕：はい。それで気づいたら、僕の妻が遠ざかっていた…そんな感じでした。自分の内側で「愛されたい」思いが肥大化していたなんて、当時はわからなかったんです。

30代の愛情バランス崩壊――仕事の失速と執着心

僕：あれはちょうど30代の半ばころでした。キャンピングカー事業を乗り越えたあと、別の事業を始めたものの伸び悩んで。仕事に対する自信がしぼんでいくと同時に、なんだか家でも息苦しい気持ちになっていったんです。

爺：その息苦しさが、奥方に対して「もっと認めてほしい」という無言のプレッシャーをぶつける源になっていたのじゃろう。

僕：当時は「自分は頑張ってるのに、どうしてまわりはわかってくれないんだ」って苛立ってばかりでした。頭では「妻も忙しいんだろうな」と思いつつ、心のどこかで「こっちに目を向けてよ」って叫んでいたんでしょうね。でもその叫びを明確に言葉にしたわけじゃない。むしろ「大丈夫？」と妻が聞いてくれても、「いや、別に…」とそっけなく返してしまう。

爺：心の声では「もっとかまってくれ！」と望んでおるのに、表面では強がって何も言わない。そりゃあ奥方もどう対応していいかわからんわけじゃな。

僕：そうなんです。振り返ると、家の中は変な空気でした。妻が「何か手伝おうか？」と声をかけてくれても、イライラしてるから「いいよ、別に」と突き放す。でも本当は「ありがとう」って言いたいのに、なぜか言えないんですよね。

妻とのすれ違い――増大する不安と〝愛を証明せよ〟の叫び

僕：あるときから妻が、僕のイライラを気にしつつも少し距離を置くようになりました。朝食のときも「今日のスケジュールどうする？」と事務的に尋ねるだけで、僕の機嫌を伺うような雰囲気が増えていったというか…。

爺：そのころのお主は、内心どう感じておった？

僕：「どうしてもっと寄り添ってくれないの？」という不満が強かったです。でも、それをハッキリ言わないいまま。

「自分で言うほどでもないか…いや、でもわかってほしい…」と、自分の中で堂々巡りしていました。**結果的に妻を試すような態度**になるんです。「本当に僕を想ってるなら察してくれるはずだ」と思い込んで。

爺：察してほしい気持ちが強いのに、言葉にしない。奥方はもしかしたら「どうしたいのか教えてよ」と心の中で叫んでいたかもしれんのう。

僕：実際、ある朝に妻が「最近すごくピリピリしてるけど、何かあった？」って真剣に聞いてきたことがあったんです。でも僕は「べ、別に…」なんて言っちゃって。見え透いた嘘ですよね。でも当時の自分は、それしか言えなかった。

初めての気づき――ねばねばからの脱出を決意する瞬間

僕：そんな日々が続いたある朝、ふと目が覚めたら妻が出かける準備をしていて、僕とはまったく目を合わせようとしないんですよ。挨拶すらまともにしない。まるで家の中が息を潜めているような重苦しさでした。

爺：そこでお主、何を考えた？

僕：「あれ？　なんでこんなに冷たい態度なんだろう…」と驚きました。でもよく考えると、**僕自身がずっと「相手に合わせる気がない」オーラを出していた**。妻の立場からすれば、それなら私も距離を置くしかない、と感じたのかもしれない。

爺：そのとき、ようやく「自分が何をしていたか」に気づいたわけじゃな。

僕：そうですね。むしろ今だからこそ「ああ、あれは妻からのSOSだったんだな」「僕が原因不明な不満を押しつけていたんだな」とわかる。でも当時は苛立ちばかりで、「どうしてこんなに冷たいの？」って妻を責める気持ちが大きかったです。自分のほうが追い詰められてると勘違いしていて。

感謝という1歩——小さな言葉が生み出す大きな変化

僕：その後、僕は何か行動しないと本当に取り返しのつかないことになると思って、まずは、自分が欲しているものをノートに書き出してみたんです。「もっと認めてほしい」「ちゃんと声をかけてほしい」とか、思っていることを全部。

爺：ほう、意外とそれをやるだけで自分が何を望んでいたか明確になるものじゃろ？

僕：はい。ああ、僕は結局「愛してくれ」って言いたかったんだって。だけど、あまりにも恥ずかしいしプライドが邪魔して、それを素直に言えず、代わりにイライラや冷たい態度になってたんだなと。気づいたときは自分の情けなさに呆れました。でもそこでようやく、妻に「なんか、ずっと嫌な態度でごめん」と謝れたんです。

爺：奥方はどんな様子じゃった？

僕：初めは「急にどうしたの？」と戸惑ってました。そりゃそうですよね。でも僕が「本当はもっと話したかったんだ。でも言えなかった。ごめんね。」と口にしたら、少しホッとしたように見えました。

僕：それから僕は「ありがとう」「助かるよ」という言葉を、恥ずかしくても意識的に使うようにしてみたんです。すると妻も、少しずつだけど笑顔が増えてきた。今思えば、ほんの些細な言葉が僕たちの関係を変え始めたんだと思います。

僕：当時は無自覚の〝ほしいほしい病〟が原因で、お互いに苦しんでいたのに、気づいてしまえば案外シンプルな解決策が見えた。もちろん、すぐ完全によくなったわけじゃないですが、少なくとも僕の心のねっちょりんは少しずつ大人しくなっていきました。

僕：「自分が求めていたことすら、当時は全然わかってなかった」——今になって振り返ると、そこが1番大きな盲点だったんだなって思います。

5 ねっちょりん流「比較のはてなき螺旋」
――笑撃のエピソード集

ねっちょりん流「比較のはてなき螺旋」

爺：さて、お主、以前にも話題に出た「ねっちょりん」が、今度は〝比較〟という名の大技を使ってお主を苦しめておったころの話を覚えとるか？

僕：またですか…もう爺は僕の黒歴史ばかり掘り返しますよね。でも、はい、覚えてますよ。何せあのころは、自分でも笑えるくらい弟に対してギラギラしてましたから。

比較の始まり――兄弟の序章

爺：具体的にどうギラギラしていたのか、もう少し詳しく話してみるがよい。

僕：あのころ、弟が家を建てたって聞いて、思わず「はぁ!?　なんでアイツばっかり自由にやってんだ？」って内心めちゃくちゃイラついたんです。こっちは実家の都合もあるし、仕事もうまくいってないしで、身動き取りづらくて…その分、余計に「なんで俺ばっかかりこんな苦労してんの？」って。

爺：ほう。弟に対してどういう態度を取っておったんじゃ？

僕：建前上は「へぇ、家建てたんだ。そっか」くらいで、めちゃくちゃクールを装ってましたよ。けど内心は「いいよなあ、勝手にやりたい放題で…」って。**まさに〝比較〟のドツボにはまってましたね。**

実家への縛り――弟への羨望

爺：その〝いいよなあ〟という感情、外に漏れたりはせなんだか？

僕：漏れまくってたと思います。言葉では直接「ずるい」なんて言わないけど、トゲのある態度や、何かにつけて弟を下に見るような発言をしてた気がします。「俺は長男だから仕方ないんだ」とか「お前は気楽でいいよな」とか。

爺：弟はそれをどう受け止めておったんだろうな。

僕：最初はスルーしてた感じですね。「はいはい」みたいな。ところがある日、とうとう弟が逆襲してきまして…。

感情の爆発――偉そうな兄と抵抗する弟

爺：その逆襲とは？

僕：家族で集まった帰り際、いつものように僕が「まあ、俺は長男だしな。大変なんだよ」ってボヤいてたら、弟が一瞬黙り込んだんです。で、少しの間をおいてから。「はっ？俺だって不満だらけに決まってるじゃん」って。

僕：思わず「え、何が？」って聞いたら、弟が「だって、**兄貴は何でもやらされてるように見えて、実は期待されてるわけでしょ？　俺なんかは誰からも何も期待されないっつーの**。自由っちゃ自由だけど、ぶっちゃけ寂しいんだよね」って。

爺：ほほう、それを聞いたお主はどう思った？

僕：正直、衝撃でした。僕はずっと「弟は自由で羨ましい」って思ってたのに、当の弟は「兄貴だけ期待されててズルい」って感じてたわけです。なんかもう、くだらない兄弟げんかの最上級というか、お互いないものねだりしてたんですよね。

すれ違う視点――互いの苦悩が交錯するとき

爺：その場で言い返したのか？

僕：いや、僕も一瞬言葉に詰まりましたね。「はっ？　お前こそ好き勝手やってんじゃん！」と返そうとしたけど、弟も割と真顔で言ってきたので、「え…マジ？」って。こっちはこっちで「お前こそ羨ましいぞ」って思ってるわけで。

爺：お互いに「自分こそが割を食っている」と思い込んでたわけじゃな。

僕：そうなんですよ。それで「ちょっと待って、俺たちおかしくね？」って思い始めました。ほんとにしょうもない言い合いですけど、弟が「不満だらけ」とか言い出した瞬間に、僕のほうも心がザワッとしたというか。

笑撃の気づき――ないものねだりの正体

爺：その後、どうなったんじゃ？

僕：弟も最後はプイッて感じで「もういいや」ってどこか行っちゃったし、僕もその場では謝るでもなく、なんとなくグダグダ終わったんです。でも車に乗ってから、モヤモヤが一気に押し寄せてきました。「アイツ、あんなこと考えてたんだ…」って。

爺：悔しさもあったかもしれんが、同時に何か納得する部分もあったのでは？

僕：そうですね。思い返すと、**僕は弟の気持ちなんて1度も想像してなかったな**って。つい「弟は好き勝手に生きてる」と決めつけてた。でも弟は弟で、自分には「頼られる場所がない」って悩んでたわけで。

爺：後日、弟と話す機会はあったのか？

僕：はい、何日かしてから再び実家に顔を出したとき、弟と2人で鉢合わせになったんです。気まずい空気漂いましたけど、僕がなんとなく「この前は悪かったな」って言ったら、弟も「いや、こっちこそごめん」みたいな…。

そこで僕は「お前もさ、不満だらけなんだって正直驚いたわ。俺はお前がうらやましかったんだけどなあ」って言ったら、弟も「は？　俺だって兄貴がうらやましいっつーの」って。そんで2人して「だよなあ…」ってへらへら笑うっていう、何か変に気まずい笑いが起きましたね。

そうやって笑い合えた瞬間に、「ああ、俺らアホなことしてたな」って思えました。お互いが「お前はいいよな」って思ってるだけ。そりゃ比較のはてなき螺旋に落ちるわけですよ。

でも、そのやり取りがあったおかげで、今は弟と前より話しやすくなったと思います。何かあっても、ちょっと冗談交じりに「お互い大変だよな」とか言い合えるようになりましたし。やっぱり兄弟ってくだらないケンカしてなんぼなのかもしれません。

今振り返ると「どっちもないものねだり」だったんだなあって、痛感してます。弟は僕のほうが期待されてると妬み、僕は弟のほうが自由だと妬んでた。まあ、笑えるって言えば笑えますよね。これも〝ねっちょりん〟の陰謀ってやつだったんでしょう。

おかげで「**あれ？　俺、ずっと弟の自由ばかり羨んでたけど、実は自分だって割と動**

けるじゃん」って気づけたりもしたし、弟も「**兄貴がいるから安心して好き勝手できたんだな**」と思うようになったらしいです。何だかんだ言って、兄弟って絶妙にバランス取れてるのかもしれません。

爺：なるほどな。

僕：まあ、当時はめちゃくちゃピリピリしてましたけど、今となっちゃいい思い出です。
「はっ？　不満だらけに決まってるじゃん」なんて、弟に言われたときは本当にカチンときたけど、同時に「あ、こいつも悩んでんだな」ってわかった瞬間でもあった。いろいろ含めて、笑撃のエピソードですよ。
人生には、こういうくだらない兄弟げんかみたいな衝突が必要なのかもしれません。少なくとも、あの時の一言がなかったら、いまだに「あいつばっかり…」って比較の泥沼から抜け出せなかった気がします。お互いが「不満だらけだ」って白状したことで、ちゃんと兄弟として笑い合えた。それだけでも救いでしたね。

6　ねっちょりんのリハビリ室で起きた小さな奇跡

爺：なかなかよい話じゃのう。さて、まだまだあるぞ。お主、その後の話を覚えておるか？

お主が「愛を確かめる」という波にドップリ浸かり、自分の部屋を〝ねばねばリハビリ室〟にしておったころのことじゃ。

僕：ああ、あの時期ですか。いやもう、言っちゃなんですが実際めちゃくちゃ大変でしたよ。サプリ販売に失敗して体も心もボロボロ。で、気づいたら動けなくなってて、ベッドの上で「うわー、俺どうしよう…」って。笑い事じゃないけど、ほんとに笑えない状況でした。

サプリ販売の大失速と寝たきり生活

爺：お主、キャンピングカー事業のあとにサプリ販売を始めて、一気に成功しようと企んだはずじゃったな。結果はどうじゃ？

僕：企んだ…そう、まさに企んだ。でも完全に玉砕でした。商品はなかなか売れないし、在庫は余るし、「セールスは得意だ」って豪語してた自分がまるで詐欺師みたいになって。気づけば「自分って、ほんと役立たず」って卑屈スイッチががっつりオンになってました。

爺：そこから体まで動かなくなるとは、一体どういう道筋じゃ？

僕：いやもう、自己否定の連打を食らってたら、本当に起き上がれなくなっちゃったんですよね。病院にもあちこち通いましたが、原因はわからず、結局「ムズムズ脚症候群」って診断がつくまでに2年かかりました。2年ですよ？　長い！　しかもそこからさらに3年半、ほぼ寝たきり。まるでベッドがお友達状態です。

「愛を確かめろ」というねっちょりんの声

爺：お主、その間に〝愛の確認作業〟に勤しんでおったとか。何をやっておったんじゃ？

僕：お恥ずかしい話ですが、「僕は本当に愛されてるの？」「僕のこと嫌いじゃない？」とか、妻にしつこく聞いてました。だって**自分が何の役にも立てないと感じるほど、誰かの愛を確かめたくなる**んです。こう、ねっちょりんが「ほら、今すぐ聞け。もし嫌われてたらどうする？」ってささやくもんだから。

爺：すると奥方はどう反応しておった？

僕：最初は「大丈夫だよ」「心配しないで」って優しく言ってくれました。でも僕が何度も何度も同じことを聞くんで、そのうち「それ、私を信じてないってことだよね？」って言われて……。いや、ほんと俺は「愛されてないかも」って恐怖に囚われてただけで、妻を疑ってたわけじゃないんですが。

爺：結果的に、疑ってるように見える態度になってたわけじゃな。

僕：そうなんです。僕は必死なんだけど、妻から見れば「また同じ質問かい！」ってうんざり。そりゃそうですよね。

妻の衝撃的な言葉と「お前はアホなのか？」と思った瞬間

爺：ある日、妻が何か衝撃的な一言を言ったとか？

僕：ええ、それはもう衝撃っていうか、最初は「この人、正気かな？」と思うくらい。僕が「もうダメだ、こんな生活じゃ妻も可哀想だし。別れたほうがいいんじゃないか…」って泣き言を言ったんですよ。そしたら妻が「なんで別れるのかわからない。**なんで治らないと思ってるの？**」って。もう、まるで不安の〝ふ〟の字も感じさせない言い方ですよ。

爺：お主、それを聞いてどう思ったんじゃ？

僕：正直、「え、ちょっと待って。あんた何その楽天ぶり？　バ…いや、もしかしておバカさんなのか？」と思いました。いえ、うちの妻が実際にバカじゃないのは知ってますよ。でもあまりにポジティブすぎて、ほんと突き抜けてるじゃないですか。「僕は何十軒も病院回って、２年も原因不明だったんだぞ？」って。

爺：じゃが、それが奥方の本当の強さかもしれんのう。

僕：そうなんです。アホかと思うほどに根拠のない自信がある。僕が「いや、どう考えても治らない可能性あるでしょ」と言っても、「いや、あなたなら治るよ」ってニコニコしてる。最初は「ふざけんな！」って思いましたけど、よく考えたらその笑顔こそが僕を支えてくれてたんですよね。

寝たきりからの脱却と笑えるほどの長期戦

爺：とはいえ、お主、実際に3年半も寝たきりだったんじゃろ？　そこからどうやって抜け出したんじゃ？

僕：簡単に言えば、「妻の根拠なき自信」に乗っかっただけとも言えます。あまりに「治るよ！」って言うもんだから、「じゃあ、ちょっと信じてみるか…」って。ほんとしょうがないのでノロノロ起き上がって、少しでも動こうとしたり、ネットで調べるより前向きな活動をしてみたり。

爺：それで、体のほうは徐々に？

僕：最初はほんと数分立つだけでヘトヘト。でも妻が「あ、立てたじゃん、すごい！」とか褒めてくれる。こっちは「そんなもん、すごくないよ」って言いつつも、内心「いや、もしかしてちょっとすごいのか?」って気になっちゃう。そういう**小さな前進が積み重なって、**いつの間にか少しずつ動ける時間が増えていきました。

爺：なるほど。まさに〝小さな奇跡〟じゃな。

僕：奇跡って大げさかもしれませんが、僕からすれば十分奇跡ですよ。だって、2年間も原因がわからなくて、そこからさらに3年半も寝込んで、「もうずっとこのままかも」って絶望してたんですから。今から思うと、あのときの僕は心も体も腐りかけてました。でも妻は全然不安がないという顔で、「大丈夫」って。

爺：その超ポジティブさに救われた、と。

僕：ほんと、救われました。馬鹿なんじゃないかなって失礼な言い方したけど、言い換えれば「超すごいポジティブ馬鹿」。もちろん馬鹿じゃないってわかってるからこそ、その信念がかえって説得力あるっていうか。

もし妻が「私も不安だけど、頑張ろう…」なんて顔してたら、僕も「やっぱり不安だよね」ってズブズブ沈んだかもしれません。

でも妻は「え、何が不安なの?」みたいな感じなんですよ! こっちは「何がって、全部だよ!」って言いたくなる。

〝ねばねばリハビリ室〟から笑って出られた理由

爺：結局、お主はどうしてそこまで長い寝たきり生活から抜け出せたんじゃ？

僕：色々理由はあるんですけど、1番大きいのは妻の**「治らないって思う理由がわからない」っていう謎発言でした**ね。あれを言われたとき、「いや、理由なんて山ほどあるわ！」って突っ込みたかった。でも同時に「もしかして理由なんて関係ないのか？」って気もしてきて…。

爺：ほう。

僕：**要は自分が「どうせ治らない」と思えば一生治らないし、「治るかも」と思えば可能性はゼロじゃない**、っていう話です。妻はまさに後者を体現してたわけで、僕はそこに乗っかった。結果、「まあ、ちょっと動いてみるか」と思って行動し始めたら、徐々に光が見えたんです。

爺：それで、今は寝込むことなく日常を送れている、と。

僕：はい。今こうして話してるのが、その証拠でしょう。むろん、ムズムズ脚症候群の症状が完全に消えたわけじゃないですが、ほぼ普通に動けるようになりました。いやー、振り返ると壮絶でしたよ、ほんと。長期戦にもほどがある。笑い事じゃないんだけど、今では少し笑えてきます。

爺：それこそが、お主が〝ねばねばリハビリ室〟から笑顔で出られた理由かもしれんのう。

僕：そうかもしれません。あの超ポジティブ発言を連発する妻に「お前はアホか！」ってイラッとしたことさえ、今はちょっとした笑い話です。結局は、そのくらい信じてくれる人がいたことが大きかったんですよね。思えば、サプリ販売の失敗から自己否定がどん底までいっちゃった僕を、妻は本気で見放さなかった。「なんでそんなに自信あるの？」ってくらいに。

僕：**結果的に、「僕が変わるしかないんだな」って思ったん**です。だって別れ話まで切り出したのに、妻がまったく動じないんですよ？　もうその姿に、逆にこちらが救われて、人生って何があるかわからないもんだなってしみじみ感じます。

僕：今思えば、あの時はユーモアなんて全然見いだせなかったけど、こうして振り返ると「あそこまで思い込んで寝込んでたのに、笑うしかない」と思える自分がいる。妻の天然に近いポジティブっぷりがなかったら、僕はきっとまだベッドの住人でしたね。

僕：だから、あの〝ねばねばリハビリ室〟こそが、僕にとってのターニングポイントだったと思います。しつこく愛を確かめて、妻を疑ってるみたいな態度を取って、本当に呆れさせたと思うけど…それでも彼女は「治らないと思う理由がわからない」って言い切ったんですから。
もはやコントみたいな夫婦の会話ですけど、それでいいんだなって、今は思えます。

ポジティブ馬鹿の妻のおかげ

僕：何が言いたいかって、**人生最悪のどん底でも、人間ってそこから盛大なオチをつけて這い上がれる可能性があるんだ**なと。まさにコメディー。いやもう、笑わせてもらいました、我が人生。こんなに壮大に寝込んだのに、それでも〝いけるかも〟って気持ちになれたのは、ポジティブ馬鹿（※褒め言葉）の妻のおかげです。まさに小さな奇跡ですよ。

僕：今同じ状況になったら、もう少し違う対処があったんじゃないか？　と思うこともありますけど、結局どんな道を通っても、妻は「大丈夫」って言ってくれるんじゃないかな。いや、そこはちょっと信じすぎ？　でもまあ、信じるに値する人だってことをこの長期寝たきり生活で思い知りました。

僕：というわけで、ねっちょりんとやらには散々振り回されましたが、結果としては「おめでとう、退室おめでとう」みたいな感じです。もし誰かが「今、ねばねばリハビリ室にいます」って言うなら、僕は堂々と言いたい。「案外ここから笑って出られるかもよ」って。信じるかどうかはその人次第かもしれないけれど。
爺：ほう、それはまたずいぶん強気な発言じゃな。先ほどまで涙に暮れておったように見えたが？
僕：いやいや、3年半も寝たきりやって、2年も原因がわからなかったムズムズ脚症候群を乗り越えたら、さすがに開き直りますって。今になって振り返ると、「僕、なんであんなに自己否定に浸ってたんだ？」って首をかしげるくらい。でも当時は本気で別れまで考えてたし、そりゃもう笑えないほどつらかったんです。
爺：奥方はそんなお主の姿を見ても、不安のふの字もなかったそうじゃな。まったくもって痛快じゃ。
僕：そうなんですよ。妻のその超ポジティブぶりに勝てる気がしなかった。病院行っても原因わからないし、僕は「終わった…」って絶望してるのに、妻は「いや、どうして治らないと思うの？」みたいな顔して笑うんです。もはや、「この人、どんだけポジティブなんだ…？」ってあきれるくらいで。こっちが泣きそうなのに、妻はノー天気に「大丈夫だよ」「いけるよ」って。
爺：ふむ。それでお主は？
僕：「うわあ、勝てねえ。こりゃもう降参するしかねえ」って思いましたよ。逃げ場ないですからね。**自分の負の感情にずぶずぶ落ちてたのに、妻がまったく一緒に沈んでくれないんだから。**逆にそれに引っ張られて「なんか、いけんのかな？」って気になってきたんです。

爺：ほう、結果的にはそのポジティブが救いの綱になったと。

僕：そうなんです。もし妻が同じように不安になって「どうしよう…治らないのかも」なんて言い出してたら、僕はさらに落ち込んで泥沼でしたよ。まぁ、実際は妻の「ポジティブ馬鹿」ってレベルの明るさが勝利した、みたいな感じですね。言い方は失礼だけど、馬鹿っていうか天才っていうか…。

爺：奥方に馬鹿呼ばわりとは、ずいぶん大胆じゃな。

僕：愛をこめて言ってますよ。馬鹿っていうより〝突き抜けた人〟って感じで。おかげで僕はもうあの「ねばねばリハビリ室」から卒業できたんですよ。今となっては、あのころを懐かしむ余裕も出てきました。

爺：余裕ができたとは、よきかな。では今なら昔の自分に何と声をかける？

僕：「おい、もっと肩の力抜けよ。そんなに突っ張っても誰も得しないぞ」って言いたいですね。大して強くもないのに、ただ自分だけが苦しい思いしてただけですし。

爺：それは成長の証じゃ。だが、その3年半は本当につらかったのじゃろ？

僕：ええ、本当に大変でした。もう1度同じことやれって言われたら全力で拒否します！　でも結果的には、あれのおかげで妻がもっと好きになれたし、僕自身もちょっとだけ自分を認められるようになった。無駄だったとは全然思ってません。

爺：実に人間臭くてよい話じゃな。で、この先はどうするつもりなんじゃ？

僕：そうですね…笑いを取りにいく、って言ったばかりですけど、人生はまだ続くので、まあ次は何が起こっても「奥方大丈夫パワー」で何とかなるのかなって、どこかで思ってます。さすがに寝込みたくはないですけど、万が一そうなったら「いや、あなたならまた立ち上がれるよ」って妻が言ってくれそうですし。

爺：それならわしも安心して見守れるというものじゃ。

僕：ありがとうございます。爺に褒められると、なんか照れますね…いや、でも本当、笑い話になってよかった。**あれだけ長い寝たきりから復帰できるなんて、当時は微塵も思ってなかったん**ですから。

爺：苦しい中に生まれるドラマほど、後で振り返ると笑い話になることが多いのかもしれんのう。

僕：そうですね。あのときは「人生コメディーとか言ってる場合じゃない！」って本気で思ってましたけど、こうやって爺と喋ってると、やっぱりコメディーじゃないですか。

お互い笑っちゃいますよね。

爺：さて、お主、この先はどう〝コメディー〟を続けるか、楽しみにしておるぞ。

僕：いわゆる〝続編〟ってやつですね。…よし、じゃあ次のネタ探しに行きますか！

とりあえず、ベッドの住人にだけは2度とならないように気をつけます。

爺：ほうほう、くれぐれも「ねばねばリハビリ室」に逆戻りせぬようにな。

僕：ほんとですね。もうあそこは卒業です。僕としては、「お前ら、卒業おめでとう！」って感じで終わりたいんですよ（笑）。

爺：ふむ、ならば〝おめでとう〟の代わりに祝杯でもあげるか？

僕：いいですね！　次は1杯やりながら、どこかで祝杯を…って、爺、お酒飲めるんですか？　というか、爺って神様なんでしたっけ？

爺：わしは〝気づきの神〟じゃが、酒もたしなむぞ。うまいぞ？

僕：気づきの神が飲みすぎて気づき失わないようにしてくださいね。

僕は一緒にコメディーの続編へ行きますよ。

僕：（深呼吸して）…よし、**長かった闇を抜けて、今はこうして笑えるようになりました。**

ほんと、ありがたい話です。

爺：それこそが、奥方のポジティブ馬鹿力と、お主の底力が交わって生まれた奇跡じゃ。

僕：…いや、ほんとそう。何かあったらまた聞いてやってください、爺。今度はもう少しクールに乗り越える…かもしれません。
爺：ほう、楽しみにしておるよ。
僕：じゃあ、そろそろ僕は行きます。長居しすぎると、また変なねばねばが出てくるかもしれないんで。…爺、次に会うときは、お酒片手に乾杯しましょう。
爺：よかろう。ではさらばじゃ、笑いの旅人よ。
僕：（ニヤリと笑いながら）…そっちが気づきの神なら、僕はコメディーの住人ってところですかね。じゃあ、また！

ねっちょりんワーク：ねばねば執着を手放すための小さな試み

まとめ

・ほう、ねっちょりんはのう、〝もっと褒めてくれ〟〝もっと愛してくれ〟と無意識にねばねばしとるが、実は自分の本当の望みを言えぬ弱さを隠しとるだけじゃ。
・まわりの愛を奪いたいほど求めておるときほど、自分自身の〝寂しさ〟に気づけてない。そこを見直せば意外と、もっとラクに受け取れるもんじゃよ。
・ねっちょりんは、言葉にしないまま相手に「察してくれ」と要求するタイプじゃ。そりゃ相手も疲れる。うまく伝わらん〝ほしいほしい〟ほど厄介なものはないぞ。
・〝自分は愛される資格があるのか？〟と疑うあまり、余計に相手を試してしまうのがねっちょりんの罠じゃ。試す前に「今、愛がほしい」と素直に言えればよいんじゃがのう。
・最初は恥ずかしいかもしれんが、愛や承認を求める自分をバカにせずに認めてみい。ねっちょりんが暴走するより、ちょっとでも言葉にしたほうが、はるかに建設的じゃろう。

爺からの３つの問い

①「今〝もっとかまってほしい〟〝もっと認めてほしい〟と思っとらんか？　その気持ち、素直に表に出せておるかのう？」

②「もし相手に『察してよ』とだけ思っているなら、相手はどう行動すればよいのかわからず戸惑っておるかもしれんぞ？」

③「自分は愛を受け取る資格があるのか…そんな不安があるなら、まずはわしに聞かせてみい。口にすれば少しは楽になるじゃろう？」

ねっちょりんからの３つの問い

①「ねっちょりんだよん。ねばねば心が『もっと愛されたいのに、言い出せない』と訴えてない？　どうして黙ってるの？」

②「私は〝執着〟の塊。心のどこかで『あの人も全部、私のことだけ見てくれないかな』と思ってるんじゃない？　その気持ち、意識してる？」

③「『わかってほしい』って強く願いながら、相手を試すような態度を取ってないかな？もしそうなら、どうして〝試す〟という方法を取るの？」

『私、フェレットモデルだけどナニカ』
私ってフェレットがモデルなんだって…ねぇ、
ビックリしちゃうよね、ほんと。
でも、ほかのみんなは何がモデルなのかなって、
ふと思っちゃうんだよね、ほんと。
私だけフェレット担当なんて、
正直ちょっとズルいって思われないかなぁ？　ほんと。

第3章
逃げてもグズっても、それでも進む？
――ニゲダスとグズッキーの逃走劇

1．ニゲダスの「華麗なる逃走劇」

2．「逃げる」を極めよ！ ニゲダス流戦略的撤退のすすめ

3．ニゲダスの信頼回復への珍道中 ——「七転び八起き」の真髄

◆ ニゲダスワーク：立ち止まる勇気、進む勇気

4．社会復帰、その前に…グズッキーの「究極のぐずぐず術」伝授

5．「ぐずぐず」が生んだアイデア —— グズッキー流発想法

6．グズッキー流、ビジネスの世界での意外な才能

◆ グズッキーワーク：感情ぐずぐず体操

1　ニゲダスの「華麗なる逃走劇」

ニゲダスが初めてささやいた日

爺：さて、お主、あの心理学の試験で最初に見事な「体調不良」を起こしたことを覚えておるか？　実はあの時、ニゲダスという存在がひそかにささやいていたのじゃよ。

僕：ああ…今になれば「完全に逃げてたんだな」とわかるんですけど、当時は「しょうがない」「仕方ない」と本気で信じてました。体が動かないんだから試験に行けるわけがないって、自分に言い聞かせてたんですよ。

爺：そこがニゲダスの巧妙なところじゃ。「体調不良」という看板を出して「お前はできん」というささやきをする。お主は無自覚だったが、あれこそニゲダスの華麗なるささやきじゃったのう。

僕：（苦笑しながら）そうですね。あの時は見事に逃げきってしまいました。前期を終えた直後に急に熱っぽくなって、倦怠感もひどくて、「これじゃもう試験は無理だ」と早々に諦めたんです。実際、後期の日程まるごと欠席してしまいましたし。

爺：まるで「仕方ない」ムードを自らつくり出し、「この状況ではどうしようもない」と

心から思い込む。ニゲダスが望むとおりにお主は動けなくなっていたというわけじゃな。

体調不良の正体を見抜き始めた瞬間

僕：でも、**実はこのときはまだ「自分が逃げてる」とは気づかなかったん**です。体調が悪いんだからしょうがない、って心底思っていましたから。けれど問題は、その12年後にまた同じ試験に挑戦したときでした。やっぱり前期が終わるころから頭痛と吐き気が続いて、「あれ、またかも？」と思い始めたんです。

爺：お主、そこで何を感じておった？　やはり「どうしようもない」と思ったのか？

僕：最初の1週間は「まあ風邪だろうな」と思ってたんです。でも10日経っても治らない。2週間過ぎてもダメ。それで「おかしい、これは自分のパターンかもしれない…」と薄々感じ始めました。ニゲダスのささやきを知ってる今なら、「ああ、また来たな」とわかるんですが、当時はまだ半信半疑。それでも「僕、また逃げ道をつくってるんじゃ？」と気づきはしました。

爺：（うなずきながら）そこが「気づき」の第一歩じゃのう。体調不良そのものは苦しかったじゃろうが、同時に「これ、逃げかも」と思い始めたのは大きな進歩じゃ。じゃが、気づいたところで体調がすぐによくなるわけでもなかったろう？

僕：そうなんですよ。わかっていても頭痛や吐き気はおさまらないし、時間はどんどん過ぎるし、「やっぱり受験は無理だ」と気持ちは沈む一方でした。そこで「もう1度試験を放棄するか？」と悩みましたね。

というか、心のどこかでは「また無理だから仕方ない」と言い訳を準備してた。けど、一方で「でも12年も経って、また同じ理由で　諦めるのか？」という自分の声もあって…。

爺：（笑いを含んだ声で）まさにニゲダスとお前の格闘じゃな。「逃げたい自分」と「どうにか踏みとどまりたい自分」とがぶつかり合う。しかも体調は回復しないまま。なかなかに苦しい日々じゃったろう？

残り2日、諦めか行動かの岐路

僕：（しみじみ）ええ、もう試験まで1週間を切って、5日を切ってもダメでした。

ところが試験4日前に急に体調が戻り始めて、2日前にはほぼ元気になったんです。

でも、「いやいや、こんな短期間じゃ無理だよ」って。だってすごい量でしたから。

感覚的には3週間ほしいくらい。結局、まだ諦めの気持ちが強くて。

爺：ほう、それでも最終的には試験を受けたのじゃろう？　何があったんじゃ？

僕：僕のすぐ近くに何でもスイスイこなしちゃう例の「ポジティブ馬鹿」みたいな人がいまして…妻なんですけど。

もはや、「ポジティブ大明神」ですね。彼女に「どうしてそんなスピードで覚えられるの？」って聞いたら、「**テキストを仲間だと思ってるから**」と。あれは衝撃でした。**僕にはテキストって敵で、「覚えるべき罰」の象徴**でしたから。

爺：仲間じゃと？　面白いのう。

要は、「これを覚えなきゃ…」とつらい思いをする代わりに、「助けてくれる存在」としてテキストを捉えるわけか。

僕：そうです。もちろん2日で全部は無理。でも「テキストを味方」と思えば少しでも自分に入ってくるかも、と。あと「7割合格ラインなら、3割は捨ててもいい」と言われて、「なるほど、その発想か」と目が開ける思いでした。

ここで初めて「**やる前から諦めてる自分**」に気づいたんです。

爺：そこが転換点じゃのう。「無理」と思うほどニゲダスが強くなるが、別の可能性が見えれば少しでも頑張れる。つまり体調不良という逃げ道はあっても、「やってみたい」と思う自分が今回は勝ったわけじゃな。

試験当日の葛藤と奇跡的合格

僕：（遠くを見るように）正直、試験当日も不安だらけでした。筆記はほんとギリギリでしたが合格。実技では1回目が真っ白になって、「やっぱりダメだ！」と絶望しかけたんですよ。けど2日目、もう開き直って「仲間を頼る」と決めました。テキストだけじゃなく、「応援してくれる人たちがいる」「自分もまだやりたい」という気持ちを全力で信じて…。

爺：結果はどうじゃった？

僕：（笑いながら）なんとか通りました。完全に運もありましたが、「なんだ、やればできるじゃん」と心底感じられたのは大きかったです。それに、2回目の逃げ癖が出ていたときも「これはパターンだ」とわかっていたおかげで、ラスト2日で猛スパートをかける選択ができました。12年前は気づかずに逃げきったけど、今度は「気づきながらも、そこから少し踏ん張る」という体験ができたんですよ。

爺：それこそがニゲダスとのつき合い方じゃな。逃げるだけなら簡単。だが、お主には「本当はやりたい」という気持ちがあった。

ニゲダスは逃げ道を提供するが、**最後に行動を選ぶかどうかはお主の意思。**

そこが勝負どころじゃのう。

ニゲダスに学んだ〝逃走〟の活かし方

僕：（うなずきながら）はい。今思えば、逃げるのは悪いことじゃないんですよね。一時的に体を守ったり、心を守ったりする手段という見方もある。ただ、逃げっぱなしだと12年も遠回りすることになる…（苦笑）。でも2回目は「体調不良が長引いてるのは自分でパターンをつくってるかも」と気づけた。というか、この12年の間に同じようなことを何度もやってきたので、気づかざるを得ないという感じでしょうか。

爺：ほう。つまりお主は**「自分が逃げる習慣」を持っていると自覚**しながらも、最後に踏みとどまったわけじゃ。そこにニゲダスの本当の価値があるとわしは思うぞ。

僕：（静かに微笑みながら）確かに。無意識に逃げてたときは、ただ体調を悪くするだけで終わってた。でも意識したら「逃げパターンかもしれない、でも本当は試験受けたい」と自分で選べるようになった。おかげで合格に届いたし、「ニゲダスは一概に悪者でもない」と思うようになりました。

爺：そうじゃよ。ニゲダスは「逃げることで守ってくれる」面もある。大事なのは、そこに気づいたら、**「さて、このまま逃げ続けるか？　それとも1歩進むか？」を自分で決めること**。お主は今回、それができたのじゃな。

僕：（笑いながら）はい。2度目の試験ではギリギリでしたけど、なんとか踏ん張って得たものが大きかったです。もしあのまま逃げていたら、また何年も先送りになっていたかもしれない……。次からは少しは早く気づいて、早く動けるといいなと思ってます。

爺：そうじゃそうじゃ。ニゲダスとのつき合い方、なかなか極めてきたのう。さて、この先は「逃げる」をどう活かすか、もっと深く語っていこうぞ。試験以外にも、お主はいろんな場面で逃げを発動してきたじゃろう？

僕：（苦笑しつつ）ええ、いっぱい思い当たります……。逃げまくった結果、大変なことになったり、逆に助かったりもしました。そこも踏まえて、ニゲダスの本質をもう少し掘り下げたいですね。

爺：それでよい。さあ、本番はこれからじゃ。ニゲダスの「華麗なる逃走劇」、次のステップに向けて共に学んでいくとしよう。

2 「逃げる」を極めよ！ ニゲダス流戦略的撤退のすすめ

どうせ逃げるなら戦略的撤退

爺：さて、お主、前回はニゲダスが起こす「逃げ」の正体を垣間見たが、今回はそこにもう1歩踏み込んでみるとしようかのう。逃げるだけなら容易じゃが、どうせ逃げるなら「戦略的撤退」という形に変えてみるのも手じゃと思わんか？

僕：確かに、ただ逃げるだけだとその場しのぎで終わってしまうんですよね。体調不良を理由に営業をサボったり、試験を受けずに済ませたり…正直、あんまりいい印象はないです。でも「戦略的撤退」って言われると、ちょっとカッコよく思えるのも事実で。

爺：ほほう、ニゲダスの仕業は一見ただの言い訳に見えるが、**じつは一時的な休息や安全確保としても機能する。問題は、その先にお主がどんな目的を持って撤退を活かすか、**ということじゃな。

最初の〝ただの逃げ〟が生んだ苦い結末

僕：そうなんですよね。僕、サプリの営業をしていたころ、まさに「ただの逃げ」ばっかりしてました。体調不良を理由に上司に連絡入れては「すみません、今日行けません…頭痛がひどくて」とか「風邪が治らなくて…」とか。最初はバレないようにこっそりやってたんですけど、だんだん「またか」って顔されるようになって。

爺：そうじゃろうな。周囲も「こやつはやる気がないんじゃな」と思うじゃろうし、実際お主もそれで信頼を失う面があったじゃろう？

僕：ありましたね。上司からは完全に呆れられて、「もうお前に期待しない」みたいな雰囲気を察しました。正直、そのほうが楽だったんです。「どうせ使えない奴」と見なされたほうがプレッシャーがなくなりますから。けど、そのあと**本当に体調が崩れて身動き取れなくなったとき、「これが俺の望んだことなのかな…」って落ち込みました**。

爺：それが「ただの逃げ」の怖さじゃ。お主は一時の気楽さを得ても、長期的には信用も失い、自分の体まで壊してしまった。もしそこで「なぜ自分がやる気を失っているのか」を考え抜けば、別の道を選んでいたかもしれんのう。

僕：(苦笑しながら) ですよね。結果的にサプリ営業そのものもやめてしまって、「あれは僕に合わなかった」と自分に言い訳してました。でも実際はどう合わなかったのか、具体的に検証したわけでもないんです。ただ「嫌だ」「無理だ」と思って逃げた。それで終わり。もったいないことをしたなって今は思います。

戦略的撤退への目覚め：障害者事業で学んだこと

爺：その後、お主は障害者事業に携わったそうじゃな。そこでも「やめる」という選択をしたと聞いておるが、それはサプリ営業のときとどう違ったのじゃ？

僕：あのときは、まるで違いました。サプリ営業のときはとにかく「逃げたい」一心で、まわりにも何も言わず、ただ体調不良を言い訳にフェードアウト。でも障害者事業では「まわりのためにも、自分のためにも、このまま残るのがベストとは思えない」と感じて、やめる理由を1つひとつ整理したんです。

爺：ほほう、それこそが戦略的撤退というわけじゃな。具体的にはどう整理した？

僕：(しみじみと思い返しながら) まず、「事業が拡大するにつれ、自分がそこに貢献できる役割が薄れてきている」と認めました。そして「もっと事業を伸ばすには、僕じゃない他の人に任せたほうがよい」とも思えたんです。さらに自分自身も「心のケアに専念したい」という強い気持ちがあって、結局「ここはやめよう」と決断しました。

爺：なるほど。そこでお主は「**やめる理由**」**を自分の中で明確に**し、まわりとも話し合ったんじゃな？

僕：はい。会社の仲間にも正直に伝えました。最初は「続けてほしい」と言われましたけど、自分の意図をしっかり説明したら、意外と理解してもらえて。結果的に引き継ぎもスムーズにいき、自分の次のステップにも踏み出せました。

周囲の反応と内面の変化

爺：それが「戦略的撤退」の大きな違いじゃろう。サプリ営業のときは周囲に呆れられ、信用を失い、お主自身も体を壊し大変じゃった。でも障害者事業ではどうじゃ？　信用を失わずにやめられたのではないか？

僕：（頷きながら）そうなんです。むしろ「理解してくれてありがとう」みたいに言われる場面もありました。自分も変に罪悪感を抱くことなく、スッキリと次へ進めました。

爺：そのとき、お主の内面に変化はあったかのう？

僕：大きかったですね。

「**やめる＝悪**」**と思い込んでた**部分があったけど、「やめる」こともちゃんと目的を持ってやれば、むしろお互いのためになるんだって。それを実感できたことで、僕自身が少し強くなった気がします。

「今はここにいないほうが自分もまわりもハッピーだ」と考えられれば、逃げではなく新しい道を開く選択なんだなと。

目的を持つか、ただの言い訳か

爺：つまり、**同じ「撤退」でも目的を持って行うか、ただの言い訳で逃げるかで雲泥の差が出る**わけじゃのう。

僕：本当にそうですね。正直、逃げるって言うとネガティブな響きばかりだったけど、「撤退」という考え方を覚えたら、自分を縛っていた「やめちゃダメ」という固定観念からも解放された気がします。

ニゲダスと歩む、1歩先の世界

爺：さて、お主、次の挑戦に向けて同じように「どう進むか」「いつ撤退すべきか」を見極められそうかのう？

僕：（微笑しながら）はい。もう昔みたいに「とりあえず体調不良で誤魔化そう」ってやり方は卒業しようと思います。

もちろん、体調が悪くなること自体を完全に防げるわけじゃないですけど、「もし逃げたいなら目的を考えろ」って自分に問いかけてみます。

そうすればニゲダスの力も有効活用できるかもしれない。

爺：それでよい。ニゲダスは悪者ではないからのう。**大切なのは「逃げっぱなしにせず、**

次の行動を見据える」ことじゃ。お主がそれを理解したからこそ、今こうして笑って語れるのじゃろう。

僕：（苦笑しながら）まだまだあるんですよね、僕の「失敗談」。正直思い出すだけで胃が痛くなりますが…でも、ニゲダスの視点を入れれば、きっと学びも大きくなるはず。お願いします、爺、次もじっくり聞いてやってください。

爺：もちろんじゃ。逃げるばかりがニゲダスの能ではない。次は「信頼回復」への珍道中、といこうではないか。

3　ニゲダスの信頼回復への珍道中
──「七転び八起き」の真髄

スーパースター呼ばわりの朝

爺：ところで、お主、講座の前夜に〝スーパーニゲダス〟なる騒動を起こしたとか？奥方が妙なあだ名をつけたそうじゃな？

僕：（苦笑して）ええ、思い出すだけで顔が熱くなる話です。講座前夜に『やりたくない』『無理だ』と愚痴をこぼしていたんです。明日から講座だし、場所だって抑えてあるし、受講生さんだって来るのにですよ？　そしたら、妻が真顔で『今まで1対1でやってきたのに、1対多になっただけでしょ。えっ？？？　もしかして、スーパースター気取りなの？』ときたんですよ。

爺：ほう。いきなり〝スーパースター〟呼ばわりか。お主はどう返した？

僕：あまりに唐突で頭が真っ白になりましたよ。そんな風に思ったことなど1度もないのに、朝っぱらからあんな顔で言われたものだから、逆に可笑しくて。思わず笑ってしまいました。

布団の中で芽生える笑い

爺：『スターが布団にこもってぐずる』とは、まるでコメディーじゃな。画が想像できておもしろいわい。

僕：ですよね。妻と顔を見合わせて大笑いしましたよ。『スターってこんなに弱気なの？』とか、『ヒーローが布団に埋まってるってどういうこと？』なんて。笑い出したら急に肩の力が抜けて、ああ、**また完璧主義が暴走してるな**と気づいたんです」

爺：なるほど、〝笑い〟の力は重圧を一瞬で軽くする。で、その後はどうじゃ？

僕：追い打ちをかけるように、『グッドモーニング、スーパースター！』と妻が起こしに来るんですよ。吹き出すしかないでしょう？　自分に『いや、スターってこんなポンコツだったんだ…』とツッコミ入れたくなるくらいでした。

完璧主義へのカウンターアタック

爺：痛快じゃのう。真面目に『失敗は許されん』と追い詰められるよりも、そうやってギャグに変えたほうがよほど気が楽になる。

僕：ほんとにそれです。『大丈夫？』なんて聞かれたら、ますます逃げ腰になっていたでしょう。『スーパースター』なんて言われたおかげで、重苦しさが一気に解けて、『ま、やってみるか』と布団から出られました。

爺：お主の完璧主義を見抜いたうえで、笑いの言葉1つでプレッシャーを解体するとは、奥方はなかなかの策士じゃのう。

僕：全く、ポジティブ大明神には敵いません。
実際、当日も『やっぱり無理だ』と内心は　騒ぎ続けてましたが、妻が『おはよう、スーパースター』と茶化すたび笑ってしまって。
だんだん自分が滑稽に思えて、スーツを着て会場に向かえたんです。ドキドキはしてましたけどね。

笑いがほぐす重圧

爺：いざ始まってみると、どう感じた？　〝スーパースター〟としてステージに立つ心地は。

僕：いやもう、ステージだなんてたいそうなものじゃありませんが、受講生のみなさんがニコニコ聞いてくださったので、『あれ、意外とイケる？』と心が軽くなりました。最初は緊張で頭が真っ白でしたけど、『完璧じゃなくても、いざとなれば笑いで乗り切ればいい』と思ったら、案外楽しめて。

爺：ふむ、それこそ笑いがもたらす力じゃな。張りつめた糸がふっと緩み、余裕が生まれる。まさに奥方の作戦勝ちじゃ。

僕：シリアスに『頑張れ、あなたならできる』なんて言われてたら、きっと逃げ出してました。軽口でさらっと流してくれたおかげで、重圧も薄れて、結果的に『楽しかった』という声までいただけました。

爺：なるほど、**〝過度のプレッシャーをユーモアでほぐす〟**事例としては申し分ない。七転び八起きの裏には、そんな〝笑いのカウンター〟があったわけじゃな。

僕：布団の中で震えていたのに、今では『何をあんなにビビってたんだ？』と笑い話ですよ。**自分はスーパースターじゃないのに、勝手にスター級のプレッシャーを抱えていた**のが滑稽で。

次なる転びに向けて

爺：では、もしまた逃げ腰になったら？　今度も〝スーパースター〟ジョークで切り抜けるのか？

僕：（笑いながら）その手は使えそうです。『おはよう、スターさん』と自分に言ってみれば、完璧主義がシュルシュルとしぼむ気がします。

爺：うむ、七転び八起きは何度も立ち上がるだけでなく、どう笑って起き上がるかが肝心。

僕：おかげさまで、『次もやってください』なんてリクエストまでいただけたんです。本当に逃げていたら、『またか、やっぱりできなかったか』で終わってたと思うと、笑いの威力は侮れませんね。

爺：もっとも、この先もプレッシャーに苛まれる場面はあるじゃろう？　そのときこそ、〝スター気取り〟に陥らぬよう、自分の完璧主義をうまくあしらうことじゃ。

僕：肝に銘じます。〝完璧じゃなくても笑われるくらいがちょうどいい〟そう思えたら、ニゲダス（逃げ腰）が浮かんでも、ちゃんと踏みとどまれるってわかりました。

爺：それこそが〝七転び八起き〟の醍醐味じゃ。

転びかけたら笑いで姿勢を正し、何度でも立ち上がる。

その姿を周囲が見れば、『まあ大丈夫だろう』と信頼してくれるものよ。

僕：ええ、僕自身も『ま、何とかなる』と思えるようになりました。**プレッシャーの大半は、自分でつくり出していたんですね。**『あなた、スターなんでしょ？』と笑われると、一気に空回りが収まるんです。

爺：うむ。むしろ失敗を笑いに変えられる者は愛嬌がある。完璧なスターより、たまに舞台から転げ落ちるほうが人間味があって好まれるじゃろ？

僕：（大笑いしながら）なるほど。いや、舞台から落ちるのは嫌だけど。次の本番は、どんな転び方をしようか…なんて思えるくらいの余裕が欲しいです。これこそ七転び八起きの真髄ですね。

爺：まさに。そのときも『俺はスーパースターじゃなかったわい、ふふ』と笑えれば十分。〝ニゲダス〟の逃げ道を越える笑いの戦術、これぞ秘技よ。

ニゲダスワーク：立ち止まる勇気、進む勇気

まとめ

- 逃げること自体は悪じゃない。大事なのは、その先をどう活かすかじゃ。
- 恐れを感じたら、1度身を引いて体を守るのも戦略のうち。だが、戻ってくる日を忘れちゃならんぞ。
- 「今はやれない」と認める強さもあるが、それを言い訳にせず、次の行動に結びつける心意気がいるわい。
- 逃げ道は逃げっぱなしではただの後ろめたさになる。いつか自分で「ここまでにする」と決められるようになるとよいのう。
- 逃げる先が休息でも、立ち止まって考える時間でもいい。肝心なのは「なぜ逃げたいのか」を自分でわかっておるかどうかじゃ。

ニゲダスからの3つの問い

①「なあ、君、今まさに『ここから離れたい』って思ってない？　それ、本当に誰かに止められたら諦めつくのかい？」

②「『逃げたらあとで後悔しそう』って思いながら、何もせずに立ち尽くしてない？　その場でじっとしてるのが1番ラクってやつかな？」

③「僕は『ここまでやったなら、そろそろ休みたい』ってささやくタイプだけど、君はその声を無視して走り続けてない？　いつか倒れちゃわない？」

爺からの3つの問い

①「お主が今、逃げ腰になっておる場面はどこじゃ？　そこには本当はどんな不安が隠れておるのか、もう1度見直してみい。」

②「逃げたとき、周囲の期待や自分の理想がどう変わるかのう？　逃げてよかった場合と、後悔が残る場合、そのわかれ目を考えてみい。」

③「『ここで退けば次へ進める』という撤退もあれば、『ここで踏みとどまれば大きな成長に繋がる』場面もある。お主が今いる場所は、どちらに近いじゃろう？」

4 社会復帰、その前に…グズッキーの「究極のぐずぐず術」伝授

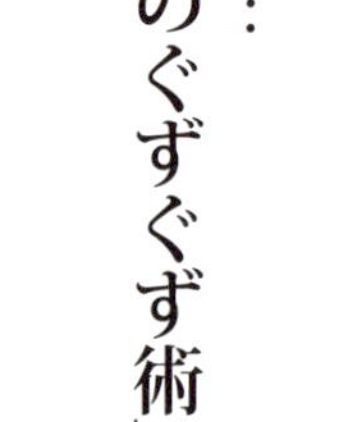

曖昧なままのスタート

爺：お主、「社会復帰しなきゃ」という思いに苛立ちつつも、**本当は何のために生きているかがわからず、何をやっても心が弾まなかった時期があるじゃろう？** あれはまさに、自分の生きる意味を見失った状態ゆえの〝究極のぐずぐず術〟じゃったと思うんじゃが。

僕：覚えてます。そもそも体調を崩していたから、「早くちゃんと働かないと生活できない」という焦りはありました。だけど何をしても楽しくなくて…サプリ販売がダメになったときも、「また何か始めなきゃ」という義務感で動いていただけでしたね。

爺：そこで「整体のお店をやってみないか？」と声をかけてもらったわけじゃな。お主自身、体のことには興味を持っておったが、本気で「これをやりたい」と思っていたわけでもなかったのでは？

僕：それです。興味はあるけど、生涯の仕事にしようと思うほどの情熱はなかったんです。

ただ「生きるためにお金を稼がなきゃ…」という経済的な理由が1番大きかった。その上、体調も万全とは言えない。でも、それ以上に**「じゃあ自分は何がしたいんだ?」**と自問しても答えが浮かばなくて…。

爺：つまり、お主は「社会復帰するために、なんとなく整体を始めた」。そこに〝これだ!〟という意義は見い出せずじまい。中途半端な気持ちで動き出した結果、グズッキーがささやく余地が生まれたわけじゃな。

僕：そうなんですよ。店のオープン準備は、正直「行きたくないけど行かなきゃ」みたいな義務感に近かった。看板や内装のこと、スタッフのことも考えなきゃいけないのに、どうしても心が乗らない。何をやっても「これが自分のやるべきことか?」って疑問が消えないんです。

行き場のない迷い

爺：どうやら、お主は「お金を稼ぐ必要があるのはわかってる。でも、それだけでは動けない」状態だったようじゃな。いわば〝生活のために働く〟というモチベーションだけでは、自分の心を奮い立たせられなかったのじゃろう?

僕：ええ。体が動かなかったころは、「とにかく回復して働きたい」と思っていたのに、いざ働けるかもとなると、今度は「いや、本当に整体でいいのか？」という葛藤が止まらなくなりました。何をしても楽しくないというか、「これをやる意味って…？」とすぐに落ち込んでしまうんです。

爺：グズッキーはそこに入り込むんじゃ。「どうせやる気が出ないなら、もう少し先延ばしにしてはどうだ」とな。結果、お主は具体的なメニューづくりや宣伝活動を後回しにし、店は曖昧なままオープン日を迎えた。

周囲の静かな圧力

僕：妻も最初は「体調を大事にしながら少しずつ進めればいいよ」と励ましてくれたんです。

でも、僕が毎日「考えてるんだ」と言いながら動かないもんだから、そのうち黙り込んで…。ある晩、「あなた、何のために整体をやろうと思ってるの？」と静かに訊かれました。

爺：うむ、家族からそう尋ねられると、何も言えなくなるじゃろう？

僕：まさに。僕の中では「何のためって…お金を稼ぐため」と思ってた。でも、それだけじゃ語れない虚しさがありました。そもそも整体をこの先ずっと続けたいのか、自分でもわかっていない。正直に言えば、「やりたいわけじゃない。でも何もしないと食べていけない」ってのが本音でした。

爺：その曖昧さを周囲も感じ取り、「本気じゃないならやめたら？」という空気が漂ってこなかったかのう？

僕：ええ、妻が直接そう言ったわけじゃないですが、冷たい目を向けられている気がして。「早く復帰してほしいけど、こんな中途半端ならどうすれば…」という戸惑いも感じました。子どもからは「お父さん、今日お店いくの？」と聞かれても、僕が「うん、行くけど、ちょっと遅くなる」と返事をすると「また？」と笑われる。

爺：まわりに責められない分、余計につらいのじゃろうな。「大丈夫？」と優しくされても、お主自身が1番「大丈夫じゃない」とわかっているから、より居場所を失ってしまう。

自分の生きる意味を問う

爺：それほどまでに動けない根っこには、**「そもそもお主が何のために生きているか」を見失っていた**からではないかのう？

僕：そう思います。もし「これをやりたい」と思える目標があったなら、体調不安や失敗の恐怖を乗り越えられたはず。でも僕には「整体でみんなを健康にしたい！」という強い意志もなく、ただ金銭的な理由と体調回復の名残で、なんとなく始めてしまった。だから、少しでも嫌なことがあると「もうやめようかな…」と考えたり、「こんなもんやっても意味ないかも」と後ろ向きになったりしてしまう。

爺：その「意味のなさ」に囚われると、行動の原動力など湧かぬじゃろう。社会復帰といっても、生きる目的を持てずに動くのは苦痛ばかり。まわりから「復帰はまだ？」と急かされるほど、余計に逃げたくなる…。

僕：妻がある夜**「あなたの将来の夢はなあに？」**と、幼稚園児に聞くような感じで言ってきたんです。

「僕はすでにおっさんだけど？　将来の夢？？？」だけど、それがグッときましたね。

「そうだよ、俺、何がしたいんだ…？」って、自分に突きつけられた気がして。

爺：その問いは重かったじゃろう。何と答えた？

僕：何も答えられずに黙り込みました。

でも、その後布団に入ってから、ずっと考えてたんです。

「俺は何のために生きてるんだ？」「この先、どうしたいんだ？」って。

もちろん、答えなんかすぐには見つからない。でも翌朝、「わからないけど、動いてみるしかないか」と小さく思えました。

小さな1歩に宿る力

爺：つまり、お主は「**何のために社会復帰するか**」の答えを見つけたわけではないが、「**わからないなりに動いてみる**」**強さ**を得たわけじゃな。

僕：まさにそこが大きなポイントです。依然として「整体を一生の仕事にするのか？」という答えは出ていませんでした。でも、**今やってることに小さな意義を見い出すようにしたん**です。たとえば「今日はお客さんの肩こりを少しでも楽にしてみよう」「スタッフが提案したメニューでお客さんが笑顔になればいいな」みたいに、目の前の行動に集中する。

爺：それだけでも、ぐずぐずの沼からは抜け出しやすくなる。さらに「やっぱりこの仕事は向いてないかもしれない」と思う日もあるかもしれんが、その時はまた小さく方向を修正すればよい。そうじゃな？

僕：そうですね。今振り返ると、グズグズしていたのも、自分がどのように社会に貢献できるのかわからず、ただ稼ぐために動くのが虚しかったから。それを「少しでも目の前の人の苦しみを和らげる」という形で実感できたら、自然と踏み出せるようになったんです。結局、**大それた使命とか目標とかじゃなくても、目の前の小さな必要に応えるだけ**で、かなり心が満たされるということを学びました。

爺：それこそが「小さな一歩に宿る力」じゃ。大きな目的がなければ動けないと思い込んでおったが、小さな目的を積み重ねるだけでも、お主の心はちゃんと動く。そこを理解したのは大きいのう。

僕：本当に大きかったです。「何のために社会復帰するのか…」という問いは、いまだにスパッと答えが出てるわけじゃありません。でも、**「目の前の人にできることをする」という小さな原動力で、ぐずぐずを抜け出すことは可能なんだとわかった。これは僕の人生にとって大きな学びになりました。**

爺：うむ。もしかしたら、その積み重ねの先に、お主の生きる意味が自然と形づくられていくかもしれんのう。だからこそ、「わからなくても、とりあえず動く」ことが尊い。

僕：わからないまま動く——最初はそれが怖かった。でも少しやってみたら、怖さよりも発見が多いという事実に驚きました。そして、やっていくうちに「あれ、これ悪くないかも」と思う瞬間が訪れる。そこで初めて「こんな生き方もアリだな」と思えたりするんですよね。

爺：その感覚を味わったからこそ、今のお主があるというわけじゃな。ではそろそろ、この「社会復帰、その前に… グズッキーの『究極のぐずぐず術』」の話はひとまず終えて、次の話と参ろうかのう。

5 「ぐずぐず」が生んだアイデア
——グズッキー流発想法

ぐずぐず会議、無限ループの巻

爺：さて、お主、前回は「社会復帰をしたいのかすらわからない」という大迷走のさなかじゃったのう。今回はその〝ぐずぐず〟が何やら妙なアイデアを生んだと聞いて、わしは興味津々じゃ。いったい何が起きたのじゃ？

僕：あれですよ、もう頭の中で「アンタは何がしたいんだ？」とか「いや、お金を稼ぐには…」とか、会議がエンドレスに続いてました。整体でメニューを増やそうかと考えるたび、「ほんとに必要？　失敗したらどうする？」って声がわーっと響いて、結局何も決まらずじまい。いっそやらないほうがマシかな…なんていう**消極的思考が頭を支配してた**んです。

爺：ほう、それはまさにグズッキーのささやきじゃな。「ねえ、先延ばしにしよ？　行動は面倒だしさ」と誘われておったわけじゃろう。

僕：そうです。頭の中にはグズッキーが住み着いて、毎晩「新メニューって本当に売れる？

失敗したらクレーム来るよ？」と大合唱してました。で、グズッキーの声を聞けば聞くほど「あ、じゃあもうちょっと様子見…」となって、店舗は停滞。スタッフも「大丈夫ですか？」と心配顔でしたよ。

お客様への逆・丸投げ作戦

爺：そこからどうやって抜け出したのじゃ？　永遠にぐずぐずしておったら店も立ちゆかぬじゃろう。
僕：それがある日、スタッフが「考えすぎずに、お客様に直接聞いてみるのはどうです？」と。最初は「そんなことしたら、お客さんに丸投げみたいで恥ずかしい…」と思いましたが、悩んでても埒が明かないので「どうせならやっちゃおう」とアンケートをつくったんです。
爺：ほほう、開き直って「丸投げ」に踏み切ったわけじゃな。で、具体的に何を聞いたんじゃ？
僕：最初は「どんな施術メニューを望みますか？」とか「今、1番気になる体の不調は？」なんて定番の質問。でも読んでるうちに、ふと「そもそもなんで、うちを選んでるんだろう？」という謎が浮上して。じゃあ「ここでどんな気持ちになれたら嬉しいか？」

とか「うちの店を選ぶ理由は？」と、もう少し踏み込んだ問いを加えたんです。

まさかの本音大放出

爺：それで集まった回答を読んで、お主はどう思ったのじゃ？

僕：いやもう、びっくりですよ。「肩こりがつらい」なんて言ってた方が「実は職場のストレスで頭痛が止まらない」とか、「家族に言えない悩みがあって眠れない」など、**心の不調を抱えてる人が多かったん**です。

爺：ほう。そこには「体の痛み」はあくまで表面で、その裏に深刻なストレスが隠れていたのじゃな。

僕：そうなんです。僕は「うちの整体は体をほぐす店だから、体の悩みを解決してあげよう」くらいに思ってた。でも実はみんな、心の悩みを一緒に抱えていた。それを吐き出す場所がなくて体に出てる…僕はその事実にガツンとやられました。「**あれ？　こっちが本質じゃん**」と。

心をほぐす整体へのシフト

爺：それで、お主の中で何かが変わったわけじゃな？

僕：まさにそう。最初は「え、心のケアってどうするの？」と戸惑いまくりでしたが、試しに施術中に「最近、眠れてます？」と少し突っ込んだ質問をしてみたら、「実は仕事でヘビーなことが…」と話してくれる方が多くて。で、僕はただ相槌を打ちながら、時々「なるほど、そりゃ辛いですね」と言うだけ。でもお客さんは「ああ、喋ってスッキリした！」と帰っていくんですよ。

爺：それはお主が心底「聞くモード」になったからじゃろう。そもそも心理学やコミュニケーションが好きだったんだろう？

僕：そうなんですよね。ただ、整体と心理学は別物と思っていたから結びつけようという発想がなかったんです。今回はアンケートでお客さんの本音に触れて、「**もしかして僕が役に立てるのは、体だけじゃなく心なんじゃ？**」とようやく気づいた。

爺：なるほどのう。もしお主が「迷うヒマなどない！」とバリバリ動いておれば、そこまで深くお客さんの声を拾わなかったかもしれん。結果的に「ぐずぐず」が功を奏したわけじゃな。

ぐずぐずだからこそ生まれた発想

僕：そうなんです。考えてばかりで進まなかったからこそ、「もうわからん！　お客さんに丸投げだ！」とアンケートをつくり、深く聞いてみるという行動に出た。そこが僕の転機になりました。

爺：ほほう、「ぐずぐず」は必ずしも悪ではない、むしろ「**自分1人で解決しない**」**道を見つけるきっかけ**になると。お主、なかなか面白い発想に至ったのう。

僕：まさか僕が「心をほぐす整体師」になるなんて、昔は夢にも思いませんでした。でもやってみると、お客さんは嬉しそうだし、僕も「ここに価値があったんだ」と充実感を得られて。前は「何のためにやるのか」わからず苦しんでいたけど、その後は「**お客さんと一緒に悩みを整理する**」**ことが楽しかったん**ですよ。

爺：その楽しさこそ、「お主は本当に社会復帰を望んでいるのか？」と散々迷っていたころにはなかった感覚じゃろう？

僕：ええ、まったく違います。あのころはただ「働かなきゃ」と義務感に追われていただけ。でも、いろいろ悩んだ末に「やっぱり人と心を通わせるのが好きだ」という原点に戻ってきた感じです。ぐずぐず期間がなければ、こんな深い気づきは得られなかったかも。

1歩先の未来へ

爺：ほほう、スタッフや家族は何と？

僕：スタッフは「いろんなお客さんの声を聞くと、確かに施術だけじゃ追いつかない悩みが多いんですよね」と賛成してくれました。妻も「ようやく〝やる理由〟が見えてきたんだね。」と、ちょっと呆れ顔でしたけど嬉しそうでしたよ。

爺：ほっほ、呆れ顔でも満更ではないというわけじゃな。お主自身は心の内をどう感じておる？

僕：正直、まだ迷うこともありました。「本当にこんな整体屋でいいのかな」とか。でも、前ほど「**迷い＝悪**」**だと思わなくなりました**。ぐずぐずしてても、そこにちゃんと意識を向ければアイデアが浮かぶ。今はそう確信しています。

爺：それでこそ、グズッキー流発想法じゃな。わしは「お主が相変わらず迷う」という話を聞くだけで、逆に安心するぞ。

僕：どういう意味ですか（笑）。

爺：迷うこと自体は悪じゃない。要はそれをどう活かすか。お主は迷いを「相手に話を聞くきっかけ」へと変え、そこから新たな道を開いた。今後もお主のペースで進めばよかろう。

僕：ありがとうございます。そっか、僕の**ぐずぐずは悪じゃなくて**〝**発想の源**〟ってことですね。自分のなかでも「よし、もう少しゆっくり悩んでみよう」と思えるようになりました。

爺：うむ。大きく一気に変わるんじゃなく、迷いを活かしながら柔軟に形をつくっていく。心をケアする整体師とやら、これはなかなか面白い響きじゃな。

爺：ほっほ、ぐずぐず迷った甲斐があったのう。次は「意外な才能を発揮するビジネス展開」でも目指すがいい。わしはいつでも見守っておるぞ。

僕：才能かどうかは怪しいですが、何か「ここでなら自分が生きられる」という感覚がわかってきました。迷いつつも前進して、また面白い話を爺さんに聞いてもらえるよう頑張ってみます。

僕：でもグズッキーって、もしかして爺の仲間だったりします？

爺：お主、鋭いのう。まあ、わしらはグズグズの中に光を見つける一族じゃからな。

僕：一族ってなんですか（笑）。

6 グズッキー流、ビジネスの世界での意外な才能

迷いが再燃する!?　新プロジェクトのジレンマ

爺：さて、お主、前回「心のケアで整体がちょっと面白くなってきたぞ」とニヤけていた

が、その後なにやら再び怪しげな〝ぐずぐずモード〟に突入したそうじゃな？

僕：ええ、もう完全に再突入しましたよ。やっぱり僕は「グズの権化」かもしれません。整体が少し軌道に乗り始めたところで、「もっとビジネスを広げたいな」と思ったんですけど、いざ具体的なプランを考えると「これで本当にいいのか？」と頭の中で会議が延々と続きまして…。

爺：ほほう、また頭の中で「完璧主義のグズッキー」や「失敗恐怖のグズッキー」が入り乱れておるわけじゃな。

僕：そうなんです。誰かが「新商品を出したらどう？」と言えば、「でもつくってみて売れなかったら赤字じゃない？」と返され、そこに別の声が「そもそもつくる理由は何？」と被せてくる。

結果、「まあ、ちょっと保留で…」で落ち着く。スタッフに「どうなりました？」と訊かれても、「う、うーん…ごめんまだ」と謝罪する日々でした。

不安と自信のなさ：本当の原因に気づく

爺：なるほどのう。表面的には「プランが決まらない」という現象じゃが、実際はどうなんじゃ？　お主自身の気持ちをもう少し掘り下げてみい。

僕：どうなんですかね…。ずっと「いいプランが思いつかないからぐずぐずしてる」と思い込んでたんですよ。けどある夜、**「いや、もしかしてプランがつくれないんじゃなくて、自分が怖がってるだけじゃないか？」**と気づいちゃいまして。

爺：ほう、その「怖がってるだけ」というのは具体的に何を怖れておったんじゃ？

僕：やっぱり「自分はできないかも」「失敗して恥をかくかも」っていう不安ですね。頭の中でいくらプランを組み立てても、「いやいや、そもそも僕にそんなスキルある？」と自分でツッコんでしまって、前に進めない。**要は自信がないんです。**

爺：なるほど。それはただの怠けや怠慢じゃなく、心のモヤモヤが原因じゃな。計画以前に「自分にできるのか」疑う思いが渦を巻いておる。

僕：そうなんです。いくら考えても答えは出ないし、結果「もういいや」となる。まさにグズッキーの罠でした。**「考えてるフリ」して実は心が怖がってるだけ。**これに気づいたとき、ちょっとショックでしたね。

助け舟を求めて：周囲を頼ってみる

爺：それで、お主はショックを受けつつも動き始めたわけか？　どうやって一歩を踏み出したんじゃ？

僕：最初は「やっぱ無理だ」とふて寝しかけたんですが、「そもそも自信がないなら、誰かを頼ればいいんじゃない？」と思ったんです。今までは全部自分でやらなきゃと思い込んでいたけど、「あ、頼っていいのか！」と。

爺：ほほう、頼る力に目覚めたわけじゃな。誰に何を頼んだんじゃ？

僕：まずは妻に相談しました。「こんな商品アイデアがあるんだけど、僕にはちょっと難しい気がして…」と怖々話したら、「じゃあ得意な人探してみたら？」ってあっさり言われまして。そこで気づいたんですよ。**「あ、外部の力を借りるってアリなんだ」**と。

意外な才能：周囲を巻き込むプロデュース力

爺：なるほどのう。お主が「怖い、無理」と素直に言えるようになったおかげで、まわりが動いてくれたわけじゃな。それをわしは「周囲を巻き込む才能」と呼びたいのう。

僕：いやいや、才能っていうか、ただの「できなさ」なんですけど…。でも確かに、自分ができない部分を他人に頼むと、「それならこうしましょう」とアイデアが出てくる。僕は「じゃあそれと合わせて、こういうこともできそう」とさらに足していって…。気づいたら面白いプランが仕上がってました。

爺：ほほう、まるで映画のプロデューサーじゃな。「自分でカメラも照明も脚本も全部こなす必要はない。適材適所に力を借りて、作品を完成させる」。お主はいつの間にそんなプロデュース力を身につけた？

僕：（照れ笑いを浮かべつつ）…意識してなかったです。でも「**自分が完璧じゃない**」と**認めると、人に頼るのがうまくなるのかもしれません**。自然と「僕はここが苦手。だからそこが得意な人の意見を採用しよう」ってなりますし。結果、みんなも「じゃあやってみようか」とノリノリで手伝ってくれる。

爺：それこそ、グズッキーがもたらした副産物じゃな。お主は「1人でやろうとすると怖いし迷う」からこそ、まわりを巻き込むようになった。つまり、グズグズが〝チーム〟を生み出したわけじゃ。

次への展望：不安があっても一緒に進む

僕：そういうことです。おかげで、スタッフと企画する時間が楽しくなりました。「こんなのどうですか？」と出た案が意外と面白くて、「いいじゃん、それ」と盛り上がって。昔は「僕が全部決めないと…」と苦しんでたんですよね。

爺：その苦しみが消え去ったわけじゃないが、周囲と協力することで乗り越えられるようになった。お主は「**自信がない自分**」**を逆手に取った**わけじゃな。

僕：そうですね。今でも不安はゼロじゃありませんよ。だけど「ここが怖い」と先にまわりに打ち明けると、意外と「ああ、それならこうすればいいよ」とすぐ答えが返ってきて。自分の中で何十時間もグズグズ悩むより、断然スムーズに解決します。

爺：それがわしの言う「意外な才能」じゃ。お主は迷いを通じて「頼る力」を手に入れた。これから**ビジネスを展開するにあたって、その力は絶大**じゃぞ。

僕：確かに、「1人で何とかしなきゃ」って気負いがなくなったら、心が軽くなりました。それにメンバーそれぞれが得意分野で活躍するから、結果が自分の想像以上によくなるんですよ。

爺：ほほう、成果はどうじゃった？　具体的にどう変わったんじゃ？

僕：新商品をテスト販売してみたら、お客さんの反応が結構よくて。しかもスタッフが「ここはこう改良しましょう」と提案してくれたり、お客さんの意見を拾ってくれたり…僕が決めたわけじゃないのに、どんどんよくなっていくんです。見ていてワクワクしてきました。

爺：それは素晴らしいのう。お主自身はどう感じる？　かつては「自信がないから行動できない」と嘆いておったが、今は「自信のなさ」をバネにしておる印象じゃ。

僕：ええ。自信がないからこそ、「できる人にお願いしよう」って積極的に言えるようになりました。するとみんなも「あ、この部分は私が任せてもらっていいですか？」と進んで手を挙げてくれる。結果として僕はビジネス全体を俯瞰しつつ、全体をつなぐ役割に回れるんですよ。

エピローグ：迷いをエンジンに変える日々

爺：これこそが「グズッキー流、ビジネスの世界での意外な才能」じゃな。グズり続けて「自分には無理」と思ったからこそ、人に頼る道を発見し、チームを活かすプロデュース力が身についた。

僕：はい。最初は「なんて情けないんだろう」と思ってましたけど、実はそれが自分の強みになるとは思いもしませんでした。

爺：お主はこれからもグズるかもしれんが、もう怖がらずにまわりと話し合えるじゃろう？

僕：はい。**自分の「できなさ」を素直に認めて周囲に頼る**って、すごく大事ですね。まさかそれが才能だなんて言われると、ちょっと舞い上がりますけど（笑）。

爺：舞い上がってもよいわい。ただしグズグキーがまた「浮かれて失敗したらどうする？」なんてささやき始めるかもしれんから、うまく活かすのじゃ。

グズッキーワーク：感情ぐずぐず体操

まとめ

・考えすぎて動けぬのも、時には悪くない。深い答えを探る時間を与えてくれるからのう。
・『失敗が怖い』と先延ばしにするほど、実はまわりの助けが入る余地ができるものじゃよ。
・ぐずぐずする自分を責める前に、その理由を掘り下げてみい。心のモヤが正体かもしれんぞ。
・1人で抱えきれぬなら、堂々と『助けてくれ』とまわりに声を上げてみるがよい。予想以上に面白い流れになるやもしれん。
・完璧じゃないからこそ、他人と協力しやすくなる。そこにこそ、お主が生きる道が隠れておるかもしれんぞ。

グズッキーからの3つの問い

①「ねえ、行動しようとしたとき、いちばん最初に湧いてくる感情って何？　それを感じると、どうしても先延ばししたくなる？」

②「〝あとでやる〟と言うとき、心の中ではどんな不安や戸惑いが渦巻いてる？　その感情は僕の好物だけどね・・・」

③「僕は〝先延ばし〟の居心地がいいけど、君の中には『本当は早く動きたい』気持ちもあるはず。その気持ち、今どんな形でくすぶってる？」

爺からの3つの問い

①「お主が今、先延ばししておる物事は、実際にはどんな感情から逃げとるんじゃ？　怖れか、恥ずかしさか、それとも怒りかのう？」

②「ぐずぐずしておる間、お主はどんな気分を味わっておる？
それを〝必要な心の充電〟と見るか、〝ただの停滞〟と見るかで、気持ちはどう変わる？」

③「周囲の力を借りるとき、『自分は無力かも…』という不安が湧くのは自然なこと。
だが、その不安を受け入れたら、どんな安心や喜びが得られそうじゃ？」

第4章

迷い、そして稲妻のような自己批判！

——マヨイタイソン&セメルンダーの珍道中

1. マヨイタイソンの「優柔不断」が導いた予想外の大転換

2. マヨイタイソンの「熟考しすぎて時が止まった日」

3. マヨイタイソン流、危機をビジネスチャンスに変える極意

✦ マヨイタイソンワーク：迷いマスターへの道

4. セメルンダーの暴走！ 完璧を求めすぎた悲喜劇

5. セメルンダーの「稲妻のような自己批判」から学ぶ逆転の発想術

6. セメルンダー流、恥との向き合い方 ―― 予想外の展開に！

✦ セメルンダーワーク：完璧じゃなくて結構！ あえて"抜け"をつくるチキンレース

1　マヨイタイソンの「優柔不断」が導いた予想外の大転換

迷いが再燃、事業売却を考え始めた日

爺：さて、お主、前回は「グズッキー流ビジネス」でまわりをうまく巻き込んだ、とか何とか鼻高々になっていたが、また新たな騒動が起きたそうじゃな。

僕：ええ、またやっちゃいましたよ。そもそもずっとやっちゃってますけど…。

語らせてもらいますが、まずは、自動車業界でキャンピングカーを売るという夢のある仕事に飛び込みました。「人生を旅に変える乗り物」を売るなんて、聞くだけでワクワクするでしょ？　でも、次に挑戦したのは何と「サプリの営業」。体によいものを売ることで世の中を健康に！　…と思ったら、気づけば自分が病んでしまい、ついには寝たきりに。まさに「健康の伝道師」が健康を失うという皮肉な展開。

そこから少しずつ体調が回復し、「体を動かす仕事が自分にも健康を与えるのでは？」と考えて整体事業をスタート。3年間、1人ひとりの体の声を聴きながら施術に励みました。そんな中、「社会のためになる事業を」という想いが芽生え、障害者事業を立ち上げることに。試行錯誤しながら、全く新しいフィールドへと挑戦しました。まるでジェットコースターのようなこの道のりなわけですよ。

爺：ほほう、確かにいろいろやらかしたのう。それはそうと、障害者事業を立ち上げたのはお主じゃろう？　どうしていきなり売却を考え始めたんじゃ？

僕：いや、正確に言うと「ほんとにこのままやってて、みんな幸せになるのかな？」と3年目くらいで思い始めたんですよ。**立ち上げフェーズはワクワク**するんですけど、事業が安定期に入ると急に「これ、僕じゃなくてもよくない？」という気持ちが湧いてきて…。

優柔不断の正体と揺れ動く心

爺：ふむ、それはマヨイタイソンのささやきじゃな。優柔不断の化身が「ここでやめる？　続ける？　それともなんか別の手がある？」とお主を悩ませておるわけじゃ。

僕：マヨイタイソン？　新キャラですね。もう驚きませんけど。そうなんです。しかも障害者事業って、どちらかというと「今の生活を安定して守る」要素が強いじゃないですか。

僕は「より変化を促すコーチング」に魅力を感じていて、そこと微妙にずれているような気がして…。だけど、「やめたら社員や利用者さんに迷惑だし」とか「僕の勝手で事業を捨てるのか？」と　自責の念が頭をグルグル。いわばマヨイタイソンがリング上で暴れ放題でした。

爺：なるほど、まさに優柔不断の泥沼じゃな。**「事業を守るべきか、やりたいことを優先すべきか」。しかも人の生活がかかっておるゆえ、なおのこと決断が重い。**

僕：ええ、重かったです。夜な夜な「どうしよう…」と布団で悶々。妻に「ねえ、考えるのも大事だけど、考えすぎると髪の毛まで一緒にアイデアを出そうとしちゃうかもね！」と呆れられて、「えっ、ハゲるってこと？　それは困る、マジで困る」としか言いようがなくて。ただ、何か別の選択肢はないかって考えていたとき、「売却」というワードが頭をよぎったんです。自分じゃなくても事業を伸ばしてくれる人がいるかもしれない、と。

M&Aコンサルの登場：決断への道筋

爺：ほう、それで「売却かもしれん」と思って動き始めたわけじゃな？　そこでもマヨイタイソンは騒がなかったか？

僕：そりゃあ騒ぎましたよ。「いやいや、そんな大それた話、うまくいくわけない」「売却って何？　社員にどう説明するの？」って、頭の中で会議が始まりました。ところが、タイミングよくM＆Aコンサルタントから連絡が来て、「こういう選択肢もありますよ」と具体的な事例を教えてもらったんです。

爺：なるほどのう。お主はそれで少し光が見えたのじゃな。

僕：はい。でも「本当に売れるのか？」とか「売却後、社員や利用者さんはどうなる？」とか、心配事が山積み。コンサルタントには「いろんな経営者と面談してみましょう」と言われ、20人以上と話しましたが、正直言って余計に迷いが深まりましたよ。「いや、この人もいいけど決め手に欠ける」「あっちの人は金銭面はよさそうだけど理念が合わない」みたいに優柔不断が止まらない。

爺：それがマヨイタイソンの真骨頂じゃな。**「選択肢が増えるほど、どれもそれなりによく見えるが、一方で不安も増す」**。

僕：まさにそのとおり。でも、あれがなかったら僕は「まあやっぱやめるのやめよう…」と先送りにしていたかもしれない。あれだけ面談を重ねるうちに「何が一番大事か？」を自然と突き詰めて考えることになって…。

結局、**僕が求めていたのは、まず、経営理念が似ていること。それから、先方の社長が尊敬できる方であることだった**んです。

直感のビビッと、運命の出会い

爺：ふむ、そうやって迷いが深まった先に、運命の出会いがあったわけじゃな？

僕：そうなんです。コンサルタントから「この人なら絶対合うと思います」と言われて会った経営者がいて、最初の5分で「この人だ！」とビビッと来ました。もう不思議なくらい価値観が合う。彼は**成長や成熟フェーズに強み**を持っていて、「こりゃ僕よりもうまく事業を伸ばしてくれる」って思えたんですよ。

爺：その瞬間、マヨイタイソンはどう反応したんじゃ？

僕：もちろんささやいてましたよ。「本当に信じていい？」「契約がうまくいかなかったらどうする？」と。でも、直感が優柔不断を一気に蹴飛ばした感じです。「ここだ！」と思ったら、急に迷いがスッと引いていったんですよ。あれは不思議な感覚でしたね。

爺：なるほどのう。迷い続けたからこそ、「ここだ！」という確信を得られたわけじゃな。もしお主が速攻で決めておったら、「こんなはずじゃなかった」と後悔しておったかもしれん。

大転換がもたらした学びと未来

僕：そうなんですよ。実際、売却したあとの社員や利用者さんはどうなるかなと心配していましたが、結果的にみんなやめずに残ってくれました。
事業自体も新オーナーのもとでうまくいってるようで、「ありがとう。あなたが始めた土台が役立ってるよ」と言われたときは、胸が熱くなりました。

爺：それこそ、マヨイタイソンの優柔不断が導いた奇跡じゃな。
あれだけ迷った末に「自分は立ち上げ期が得意で、成長期は別の人のほうが向いている」と腹をくくった結果、みんながハッピーになった。

僕：はい。最初は「迷いすぎて情けない」と自己否定してましたけど、あの迷いがあったからこそ「自分の特性に気づけた」し、理想の経営者と出会えた。結果的に大転換につながったってわけです。

爺：まさに「優柔不断も悪くない」。
決断が早い人は羨ましいが、迷う時間もお主にとっては大切だったんじゃな。

僕：そう思います。**迷って悩む中で「何が大事か」「自分は何が得意か」を深く考えられた。**
特に「立ち上げフェーズが好き」という自分の個性は大きな発見でした。

自分に合わなくなったら、またバトンを渡そうくらいの気持ち

爺：今はどうじゃ？　この経験を経て、お主の人生は少し変わったかのう？

僕：かなり変わりましたね。自分が「全部最後までやらなきゃ」って思い込みが崩れて、「終わったら次にバトンを渡せばいいじゃん」と考えられるようになったんです。ある意味、立ち上げ屋としての道が開けたというか。

爺：ほっほ、立ち上げ屋とは面白い響きじゃ。迷い続けて決断を先延ばししてもよいが、最後には「誰にバトンを渡すか」で事業が続くなら最高じゃろう。

僕：ええ、実はすでに他のプロジェクトに着手してます。今度は迷いも多少は出ますけど、「自分に合わなくなったら、またバトンを渡そう」くらいの気持ちでいられるから、気が楽です。以前みたいに「**中途半端な自分が嫌だ」と責めることはなくなりました**ね。

爺：まさにじゃ。優柔不断だからこそ、よりよいパートナーを見つけられる。迷うほど選択肢が見えてくるのがマヨイタイソンの妙技。お主はそれを体感したわけじゃな。とはいえ、その道中いろいろあったじゃろう。ほら、あれじゃあれじゃ（ニヤリ）。

2　マヨイタイソンの「熟考しすぎて時が止まった日」

迷いが再燃、契約前の顔合わせに立ち止まる

爺：さて、お主、障害者事業の売却を進めて「ここだ！」という相手と合意間近だったそ

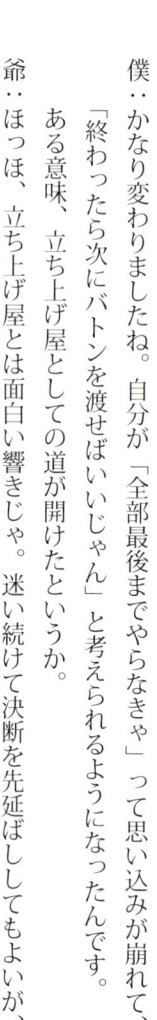

うじゃが、また妙な迷いに陥ったとあれの話を話してみぃ。

僕：これがまた、マヨイタイソンが大暴れしまして…。普通なら契約後にやるはずの「社員と買収側の顔合わせ」を、なぜか契約前にやりたいって話が出たんです。もう「どうすりゃいいの？」と頭がパンク寸前になりました。

異例の提案に動けなくなる

爺：ほほう、契約前に社員と顔合わせとは、ずいぶんと特殊な提案じゃのう。

僕：ほんとそうですよ。僕は「え、それおかしくない？　まだ契約成立してないのに、社員に伝えたら不安や動揺が広がるだけじゃない？」と混乱しました。でも、買収側の経営者は「社員がどんな人かを事前に知りたいし、向こうも安心できるはず」みたいなことを言ってて…。

爺：なるほど、そやつも不安があるのじゃろうな。「契約してから『え、こんな雰囲気だったの？』となっても困る」という気持ちかもしれん。

僕：そうです、わかるんですよ気持ちは。でもこっちだって「万一話が流れたら社員だけが『え、私たち売られかけてたの…？』と不安を抱えることになるじゃないか」って心配があって。一瞬、「断固拒否！」と思ったんですが、「断ったら向こうが『信用できない』と感じるかも…」と不安になり、完全に足が止まりました。

怒りと不安、頭の中で大乱闘

爺：つまり、マヨイタイソンが「断れば相手に悪く思われる、受け入れれば社員が不安になる」とささやいておったわけじゃな。

僕：まさにそうです。**初めは怒り**でしたよ。「なんて無茶苦茶な提案するんだ！」って。でも怒っても解決しないから、「どうしよう…」と悩み始めたら、もう止まらない。「万が一、社員がやめたら？」「契約が流れたら？」って、ネガティブな未来予想がどんどん湧いてきて…。

爺：それで、どのくらい立ち止まったんじゃ？

僕：たぶん1週間くらいですね。その間はコンサルタントと何度も電話して、「これって本当にやるべきことなんですか？」としつこく聞きまくり。でもコンサルさんも「相手としては不安があるんでしょうし、異例だけど必要かも…」と、歯切れの悪い反応でした。

僕としては「異例の提案に従うべきなの？　それともこっちから突っぱねる？」と迷いっぱなし。

1週間の熟考と社内のざわつき

爺：まわりのスタッフはどうじゃった？　お主がそんなに悶々としておれば、様子がおかしいくらいは伝わっておったじゃろう？

僕：ええ、そりゃもう。「社長、顔色悪いですね」「寝てますか？」と心配されるほど。僕は「うん、まぁちょっと…」と誤魔化してましたが、内心は「ヤバい、もう逃げたい」と思ってました。妻にも「あなた、また髪の毛抜けてない？　で、あなたの本心はどこにあるの？」と冗談ぽく言われて、脅しながらも確信を突かれるわけですよ。

爺：（笑）まさに優柔不断が極まっておる。お主、マヨイタイソンのリングでKO寸前じゃな。

僕：そうなんです。「ええい、もう破談でいいや！」と衝動的に思いかけたときもありました。でも「いやいや、ここまで来たのに…」と踏みとどまる。結局、何も決まらず時間が過ぎていくという地獄絵図です。

「誠実さ」を決断の軸に

爺：それで、どう突破したんじゃ？　ずっと考えてても埒が明かんのじゃろう？

僕：コンサルさんが最後に「社員への説明をどうするかを決めてから、相手に提案してみてください」と助言してくれました。

そこで「この話が流れるリスクもあるけど、それでも僕が誠実に向き合うしかない」と腹をくくりました。

爺：ほう、**誠実さを軸**にしたわけじゃな？

僕：ええ。具体的には「契約前だから決定事項ではない」「ただし相手の経営者は信頼できそうだ」と正直に社員へ説明する内容を丁寧にまとめました。「もし不安があれば率直に言ってほしい」という相談窓口も準備。リスクが大きいのは変わらないけど、「こうすれば社員への負担が少しは減るだろう」と思えたんです。

爺：相手側の経営者にはどう伝えた？

僕：「こちらとしてはリスクがあるので、余計な動揺は避けたい。でもあなたを信じたいからこそ、顔合わせを受け入れます。ただし社員に事情を正直に話します」と伝えました。相手も「わかりました。こちらもご不安を最小化できるよう配慮します」と言ってくれて、一気に歯車が噛み合ったんです。

怖さの先に見えた学び

爺：ほう、それで顔合わせはどうじゃった？

僕：無事に終わりましたよ。

社員たちが「最初はびっくりしたけど、隠さず話してくれたのは安心」と言ってくれました。相手の経営者も「誠実に向き合ってくれてありがとう」と言ってくれて、何事もなく…いや、ちょっと緊張はありましたけど、結果オーライです。

爺：なるほどのう。つまりお主は「熟考しすぎて時が止まる」状態から、「誠実さ」を軸に行動へ移せたわけじゃな。

僕：そうですね。考えすぎて動けなくなっても、それが決して無駄だったわけじゃないと思いました。あの1週間で本当にあらゆるシナリオを想定して、「どうすれば最善に近づけるか」を頭の中でシミュレーションできたからこそ、社員への説明もスムーズにいったんです。

爺：まさにマヨイタイソンが「**考え抜く力**」をお主に与えたというわけじゃな。もちろん、延々と先延ばしにしてはダメじゃが、考えすぎる中で深い対策を練られたのは事実。

僕：ええ。その後にコンサルさんからも「あんな異例の提案を乗り越えるなんて、正直すごいですよ」と言われて、「熟考って大事かもな」と思えました。

確かに時々は「もう頭いたいよ」と叫びたくなりましたが…。

迷いが力に変わるとき

爺：それで、お主、今はどう感じておる？　まだ迷うことはあるかのう？

僕：ありますよ。事業売却って、契約1つとっても書類が大量にあるし、相手の都合や社員の声、いろんな要素が絡まります。でも「迷い＝ダメ」じゃなくて、**「迷ってるからこそ最善を探せる」と思えるようになった**んです。

爺：ほほう、これを機にお主は少し成長したようじゃな。マヨイタイソンがもたらす「優柔不断の力」を上手に使えれば、むしろ**状況を改善できる**。

僕：はい。昔の僕なら「こんなに悩むなんて情けない」と自分を責めて、結局投げ出したかもしれません。でも今は「考えすぎる自分も、案外わるくない」と開き直れました。逆に言うと、あれだけ悩んだおかげで社員への誠実な対策ができたんですから。

爺：なるほどのう。その結果、相手の経営者とも信頼を深め、社員も納得し、契約前の顔合わせが成功したと。

僕：そうです。マヨイタイソンに苦しめられたけど、同時に「ここまで考えたら後悔はない」という自信が得られましたね。

爺：それこそ「熟考しすぎて時が止まる」デメリットを乗り越えた勝利じゃな。よしよし、お主もなかなかやるわい。

3 マヨイタイソン流、危機をビジネスチャンスに変える極意

契約日当日の衝撃

爺：お主、あの障害者事業の売却契約日、当日の朝はどんな心持ちじゃった？　わしは「ようやくここまで来たか」と横で見ておったが、ずいぶんと落ち着きがなかったように見えたぞ。

僕：もうそりゃ落ち着きなんてゼロでしたよ。「今日こそすべてが決まるぞ」「これで社員たちの未来も守れるんだ」って思う反面、「本当に大丈夫か？」って不安も渦巻いてたんです。頭の中でマヨイタイソンが「いや、でも何か起きるかもしれないぞ？」とささやきっぱなしでした。

爺：ほう。それほど重大な日じゃからのう。実際、その契約書はすべてを決する要だったじゃろう？　お主は朝からコンサルタントやスタッフとも連絡し合っておったな。

僕：はい。コンサルタントから「これで完璧です。相手先に持って行ってサインしてもらいますね」と連絡が来て、僕は「よろしくお願いします！」とひたすら頭を下げるば

かりでした。「さあ、これで一段落だ」と思っていたんですよ。

爺：そこから一気に真っ逆さまに転落したんじゃな。

僕：そうなんですよ。コンサルさんが先方の会社に行った後、電話が鳴って、「すみません、担当者が不在で…」と言われた瞬間、一気に血の気が引きました。「は？　どういうこと？」って。当日になって相手がいないって、どういう神経なんだろうと。怒りもそうですが、まずは「何が起きてるの？」と訳がわからなくなりました。

怒りと不安のループ

爺：ほほう、そのときの心中をもう少し詳しく語ってみい。お主は最初、怒りの感情がこみ上げたのじゃろう？

僕：怒りがドーンと来ましたね。「こんな不誠実な対応ってある？」と。だって契約日を一緒に決めたのに、当日に相手がいないとか、ふざけてるのかって思ったんです。同時に「これって詐欺なの？　もしかして全部嘘？」という妄想が爆発して、頭の中は「終わった、終わった」と大騒ぎでした。

爺：しかし、怒りをぶつけたら何か解決したかのう？　「怒るべきか」「でも怒って破談になったらどうする？」と、優柔不断の渦に飲まれたじゃろう？

僕：ええ、そのとおりです。ほんの数秒で怒りが「もうやめだ！」と叫びたがるんですが、次には「そんなことしたら社員や利用者たちの未来はどうなるんだ？」と不安が押し寄せる。「僕が勝手にブチ切れて、すべて台無しにするのか？」と自問自答が止まりませんでした。ほんと、**頭の中で怒りと不安が殴り合いしている状態**でしたね。

爺：むしろ怒るほうが楽じゃろうに。それをしなかったのはなぜじゃ？

僕：怒りたいけど、怖さのほうが勝ってたんですよ。もし感情に任せて「なんだこの不誠実な会社は！」と切り捨てたら、ほんとに契約が消し飛ぶかもしれない。すると社員や利用者のためにやってきたことが全部パーです。だから簡単には爆発できなくて。結果、1人でぐるぐる悩むしかなかったわけです。

コンサルタントの迅速対応

爺：では、そのときコンサルタントとはどんなやり取りをした？　そやつも驚いたじゃろうな。

僕：コンサルさんは電話口で平謝りでした。「すみません、先方の担当者が急用で不在らしく…」と。こっちは「急用って何だよ？　こっちには関係ないだろ！」と怒りたいわけですが、同時に「何とかしてくださいよ」と泣きつくしかなく。今、思えば、先方にだって理由があったと思うのですが、当時は、そんなことを考える余裕なんて一切ありませんでしたよ。

爺：なるほどのう。そこでコンサルさんはどう動いた？

僕：彼（コンサル）は「今すぐ上司に相談します」と言って、10分後に電話が来ました。上司が「今日中に決めるぞ」って腹をくくったみたいで。「どうにか相手側の社長に連絡をつないで、サインを進める」とのこと。まさにプロフェッショナルの仕事って感じでしたね。

爺：ほほう、それは頼もしいのう。お主はどう思った？　「そこまで無理してサインして大丈夫か？」と再び迷ったかもしれんがのう。

僕：もちろん迷いましたよ。でも「いや、今はコンサルさんを信じるしかない」と決めたんです。実際に彼らが動いてくれるなら、一旦は任せようと。自分でどうこうできる問題でもありませんし。で、後は電話を握りしめて待つしかなかったんです。

忘れてはいけない目的

爺：そこでお主は何を支えに踏ん張った？　このまま破談になるかもしれんという恐れは相当なものじゃろう？

僕：そうですね。でも、ふと**「何のためにこの契約を進めてきたのか？」と改めて思い返したん**です。僕が売却を決めたのは、社員や利用者の未来を守るため。この社長さんだったら、安心して任せられる。むしろ、僕よりよかったと言ってもらえる！と、思ったから。それを思ったら、「ここで怒ってぶち壊しにするわけにはいかない」と悟りました。

爺：なるほどのう。まさに危機の中で大事なのは「目的を見失わない」ことじゃな。

僕：そうなんです。目先の怒りに流されずに、ゴールを思い出すだけで「あ、そうだ、僕がやりたいのは社員と利用者が安心できる未来をつくることだ」と思えた。そうすると、不思議と少し冷静になれたんですよね。まさに「何のためにこの売却が必要なのか」を再確認できたというか。

爺：お主、それで最終的にどうなったかのう？　当日中に決着はついたのか？

僕：コンサルさんから夕方過ぎに「サイン取れました。」って連絡が来たんです。

危機をチャンスに変える極意

爺：おお、それはまさにギリギリの逆転じゃな！　お主、その連絡を受けた瞬間はどう思った？

僕：もう…泣きそうになりました。電話口で「ほんとですか!?」と何度も聞いちゃって、コンサルさんに「ほんとです。紙にサインありますよ！」と笑われました。

爺：そうして契約は成立し、お主の目的である「社員と利用者の未来を守る」も無事に実現できたわけじゃな。まさに危機がチャンスに変わった瞬間。そこから学んだことは？

僕：一番は「**どんなに危機的な状況でも、何のためにやっているのかを見失わなければ道はある**」ということです。感情に流されて怒って破談にしていたら、すべてが終わっていた。けれど、目的を思い出し、コンサルさんを信じて粘ったからこそ、この危機を乗り越えられたんです。

爺：ほほう。それが「マヨイタイソン流、危機をビジネスチャンスに変える極意」というわけじゃな。

僕：はい。優柔不断のおかげで考えまくり、その過程で「本当に守りたいものは何か」をより明確にできたからこそ、決断を先に進めた。結果、短時間での逆転が可能になったんです。

爺：なるほどのう。人は追い詰められると感情的になるが、そこでも「目的」を最優先にすることで、行動が変わるというわけじゃな。

お主、いささかカッコよすぎないか？（笑）

僕：いやいや、実際は「怖い」と「怒り」のループにどっぷりで、「粘る」なんてカッコいいもんじゃなかったですよ。正直、「何でいないんだよ…」って数十回つぶやいたと思います。でも結果オーライですよね。そこが優柔不断の妙な強みかもしれません。すぐに爆発しなかったからこそ、粘り続けられたわけで。

爺：まさに「**怒るが負け、そして放棄も負け**」じゃの**う**。**どちらに転んでも台無しになるところを、「迷い」が止めてくれたとも言える**。

僕：はい、そう思います。結局はコンサルタントと先方が必死に動いてくれて、当日中に契約が成立した。社員に「無事にサインできました」と報告したときは、ほんとに涙が出るほどホッとしましたね。

爺：結果オーライ、かつお主は「目的を見失わない」大切さを実感したわけじゃな。これぞ「危機をビジネスチャンスに変える極意」。立ち止まるのも悪くはない、だが最後には「自分が何を守りたいか」に立ち返って行動する。その力が道を開くのじゃ。

僕：はい、心に刻んでおきます。もう二度とこんな心臓に悪い日はご免ですけどね…（苦笑）。でももしまた来たら、**腹をくくって「何のため？」を思い出すんだ**。そうすればきっと今回みたいに、なんとかなる！　って思えます。

マヨイタイソンワーク：迷いマスターへの道

まとめ

- お主、迷いが多いほど『本当は何を大切にしとるのか』に近づけるかもしれんぞ。深く考えるのは悪じゃない。
- 優柔不断は〝時間泥棒〟にもなるが、逆に〝可能性の宝庫〟でもある。たくさんの道を1度に見るからこそ、新たな道が浮かぶんじゃ。
- とりあえず先延ばしにしてみた結果、意外な情報が集まることもある。使い方次第で、ぐずぐずは武器になるのう。
- 迷いは恐れとも言えるが、その恐れを見つめると『お主が本当に失いたくないもの』が見えてくる。そこを知ることができたら強いぞ。
- 最終的に『えいや！』と踏み出すときは、今まで溜め込んだ力が一気に爆発する。優柔不断のタメは無駄にならんのじゃ。

マヨイタイソンからの３つの問い

①「そっちの道もよさそうだけど、あっちの道も悪くないよね？　ねえ、君はどっちを選ぶの？　それとも、一旦ここで考え込む？」

②「〝早く決めろ！〟って急かされると余計迷わない？　そのとき君はどんな気持ちになってる？」

③「決断したあとに『あ、やっぱり反対がよかったかも』って思うこと、あるよね？　どう受け止めてるのか、正直に教えてくれる？」

爺からの３つの問い

①「お主が今、先延ばしにしておることは何かのう？　その背後にはどんな恐れや期待が隠れておるじゃろう？」

②「もし〝迷ってもよい〟と自分に許可したら、選択肢は増えるか、それとも減るかのう？どちらにせよ新しい見方が開けるやもしれんぞ。」

③「いざ『これじゃ！』と腹をくくるとき、お主は何をよりどころにしておる？　そこを意識できると、迷いも力に変わるのう。」

4　セメルンダーの暴走！ 完璧を求めすぎた悲喜劇

自己否定の渦に引きずり込む

爺：ほっほっほう、お主、どうやらセメルンダーとやらに手を焼いておるそうじゃな？ふむふむ、前回はマヨイタイソンに振り回されておったが、まだまだ序の口かもしれんぞ。さあ、今度は一体どんな大騒動を繰り広げたのじゃ？

僕：いや、爺、キャラが多すぎて正直もう頭が混乱してますよ。グズッキーにねっちょりん、ひっくん、マヨイタイソン、そしてセメルンダー…誰が何役なのかすら怪しいです。しかもセメルンダーっていかにも〝自分を責める〟感じですよね。これは厄介なやつの予感しかしない。

爺：ほっほっほ、**セメルンダーは「完璧を目指せ！」とお主の心をひたすら追い立てる鬼のような存在じゃ**。どれだけお主が頑張っても**「もっとやれ」「まだ足りぬ」と尻を叩き、気づけば疲れはて、自己否定の渦に引きずり込む**。で、お主はまた妙な事件をやらかしたのじゃろう？

迷いを増幅させる〝完璧〟の呪縛

僕：まさにそのとおりです。新しいサービスやプロジェクトを考えるたび、セメルンダーの声が降ってきて、「まだ不十分だ！」「こんなレベルで人に見せるな！」と檄を飛ばすんです。

普通なら「70点ならいいじゃない」とか思えるのに、セメルンダーは「70点？ カス！ まだ30点も足りない！」って容赦ありません。結果、何も始められず、じわじわと自己否定が募っていく…。

爺：お主、それは随分と息苦しいのう。セメルンダーというやつは「**完璧じゃない＝恥**」**と思い込ませるのが得意**じゃからのう。お主、まわりからはどんな目で見られておった？

僕：スタッフからは「社長、何を悩んでるんですか？ 十分すごいじゃないですか」と言われても、「いや、そんなわけない、僕なんて…」と受け取れない。妻からは「相変わらず厳しいの好きね。」と諭されても、セメルンダーが「甘えるなど軟弱！」と頭の中で叫ぶ。そりゃ周囲も困惑しますよ…。

爺：ほーほほ、何やら傍から見ると1人修行僧にも見えるが、本人は死活問題じゃな。で、どこまで追い詰められたのじゃ？

僕：整体でお客様が「よくなりました」と喜んでくれても、「こんなの本物じゃない。もっと完璧に治さなきゃプロじゃない」と自分を責める。障害者事業で新しいアイデアを出しても「これじゃあ発展しない」と自己否定して投げ出す。頭痛やら吐き気やら、ムズムズ脚やら…体も心もボロボロでしたね。

心と体の繋がりに気づくきっかけ

爺：お主、その自己否定の悪循環をどうやって断ち切ろうとしたのじゃ？　何か光が見えた経験はないのか？

僕：実は、整体の現場を通して「前向きな人は回復が速い」と何度も感じていました。さらに障害者事業でも、よくなってもまた悪化する人たちの行動パターンを見ていて、**「体の問題だけじゃなくて、心が大きく関係している」と確信した**んです。

爺：それで、お主は「心のケア」に興味を持ち始めたわけじゃったな？　だがセメルンダーは「まだまだ学びが足りん、完璧な理論を身につけねば」とささやかなかったか？

僕：まさにささやきまくりでしたよ。「こんな自己流で〝心と体の繋がり〟なんて語るんじゃない」「専門家でもないくせに」と。でも僕、自分のムズムズ脚症候群が〝ネガティブ経験を捉え直す〟方法で改善したのを体感したので、「セメルンダーの言うことは過激すぎる」と思えるようになりました。

完璧でなくても、とりあえずやってみよう、と。

爺：おお、そこが第一歩じゃのう。完璧を求め続けると一歩も動けんが、動けば道が開けることもある。

僕：そのとおり。恥をかきそうでも「まずやってみる」ほうが得るものが大きいってわかったんです。妻も「あなたがやってきたこと、誰かの役に立つよ」と背中を押してくれて。最初は知り合いの社長さんが企画してくれたお話会で、過度のプレッシャーをかけて、前日から体調を崩したり、緊張で吐きそうになったりと散々でしたが、参加者から「もっと聞かせて」「個人的に相談したい」「講座とかないんですか？」という声があって、「あ、完璧じゃなくてもいいんだ」と救われました。

ネガティブ再解釈で生まれた変化

爺：お主は「ネガティブ経験を再解釈する」という実験もやっておったじゃろう。あれがセメルンダーに対する強烈な武器になったとか？

僕：そうです。**根っからの自己否定人間だった僕**が、200個くらいのネガティブ経験を書き出して、1つひとつ捉え直す作業をしたら、「それでもいいじゃないか」と受け止める力が育ってきた。そしたら体まで軽くなって、心も次第に楽になったんです。

爺：そのときセメルンダーは何と言ってきた？

僕：「そんな自己流の再解釈ごっこで誤魔化すな！　まだ完璧じゃないぞ！」って吠えてました（笑）。でも僕は、「とりあえず成果が出てるし、自分が楽になってるし」と反論できるようになった。対抗手段を得た気分でしたね。

爺：ほほう、それは胸がすくのう。セメルンダーもお手上げじゃな。

僕：完全にはお手上げじゃないにせよ、明らかに声のボリュームが下がりました。「自分はまだまだダメだ」より、「まあ、そこそこ動けたじゃないか」と肯定する自分が育ったんです。**完璧じゃなくても、他人の役に立てるっていう実感**が、セメルンダーの厳しい声を霞ませてくれました。

完璧でない自分でも、次の一歩へ

爺：では、お主、最終的にセメルンダーとの関係をどう落ち着かせたのじゃ？

僕：「完璧である必要なんてない。むしろ失敗も糧になる」と信じて、行動を優先するようにしました。失敗しても笑い飛ばせるくらいの余裕が生まれたんです。整体や障害者事業で培った心と体の知識を、コーチングで発信してみたら、思いのほか「助かりました」と言ってもらえたり。「ここがまだ弱いかもしれないけれど、その弱さが味になるかも？」と前向きに捉えられるようになったんですよ。

爺：ほほっ、それでよい。完璧にセメルンダーを消し去るのではなく、ほどよい緊張感を持って併走するのじゃ。**失敗を〝恥〟ではなく〝学び〟と捉える心得、これが次なる挑戦に役立とうて。**

僕：そうですね。まだ怖いと感じる瞬間はありますが、「完璧なんて誰にも無理だし、それでいいじゃん」と受け止められるようになりました。今後もきっとセメルンダーが何か言ってくるでしょうが、「うるさいっ、少しは黙ってろ」と言える自分が育ったんです。

爺：ははは、それこそ、お主が次にまた新しい挑戦を始めるときの原動力じゃな。やりすぎず、投げ出さず、心地よいペースで進むがよいぞ。

僕：ありがとうございます、爺。でも…また別のキャラが出てきたりしないですよね？　セメルンダーで打ち止めにしてほしいんですけど…！

爺：ふふふ、どうかな？　お主の心にはまだまだ〝未知の住人〟がおるかもしれんぞ。そこも楽しみの１つじゃ。ま、次回をお楽しみにのう。

5　セメルンダーの「稲妻のような自己批判」から学ぶ逆転の発想術

自己批判の破壊力

爺：お主、この前は「完璧すぎる悲喜劇」にどっぷりハマっていたと聞いたが、今回はさらに〝自己批判の稲妻〟に撃たれたそうじゃな。どうにもセメルンダーの声が強烈じゃと聞くが、どんな状態になっておった？

僕：いやもう、爺。お話会を終えた直後は「まあまあ頑張った」と思ってたんですよ。でも、その一瞬後に頭の中に稲妻がドカン！　と落ちたんです。具体的には「お前の話、イマイチだったろ？」ってセメルンダーがささやいてきて…。一気に「ああ、やっぱり僕には無理だ…」と落ち込みました。**完全に持ち上げられては突き落とされる感じ**で、キツいなんてもんじゃないですよ。

爺：ほほう、完璧を求めるがゆえにお主を責める〝稲妻〟か。それで、今回の自己批判はどの程度の破壊力じゃった？　周囲は呆れておらなんだか？

僕：みんなには申し訳ないほどの破壊力でした。たとえ「よかったですよ」と言われても、セメルンダーが「それは社交辞令だ。誰も本気で褒めてないぞ」と騒ぎ立てるので、素直に受け取れないんです。妻は「そんなに自分を責めてるけど、まさか自分のこと〝全世界が注目する存在〟って思ってないよね？」と含み顔。そのときは「いや、別に……」と拗ねてましたが、あとになって思い出すと妙に恥ずかしくなって笑ってしまいました。

自己否定が広がる夜

爺：ほっほ、本気でお主が〝全世界から注目〟されているなら、それはすごい話じゃがのう。で、お主はその夜、どんな思考に囚われていた？　感じるところを語ってみい。

僕：いや、恥ずかしいですよ。お話会で言い足りなかった部分や「もっとこう話すべきだった」といった後悔がどんどん膨らんで、「ああ、やっぱり場違いなんだ」「みんながっかりしただろう」って自己批判が止まらなくなりました。頭痛もひどくなって、夜は妙に目が冴えて眠れない。**「全世界が自分の失敗に注目している」みたいな被害妄想**というか、まさに〝全世界が注目する存在〟を自負しているかのようで、悲劇のヒーローみたいになっていました。

爺：なるほどのう。自分で「**完璧でないとダメ」と思い込むと、少しの不満が全部の失敗**

に見えてしまうんじゃろう。

僕：妻は例の「全世界が注目〜」発言をしたあと、「ほんとにそう思ってるなら、ある意味すごい自信だけどね」と笑ってました。僕は「そういうわけじゃないけど…でもやっぱり僕のせいでみんなに迷惑をかけるんだ」って、頭の中でぐるぐる。自分の存在価値まで否定し始めて、かなり危なかったです。

妻の気まぐれ一撃が落雷を止める

爺：ほうほう、そこからどう抜け出したのじゃ？　まさか妻の冗談めいた言葉がきっかけか？

僕：そうなんです。妻が冗談半分で言った「全世界が注目する存在ってわけじゃないんでしょ？」が耳に引っかかって。最初は「責めるしかないだろ…」と拗ねてましたが、後になって思い出して吹き出しちゃったんですよ。「そうか、もし本当に全世界が僕を見てるなら、逆に何を伝えようか？」と考え始めたら、急に気が軽くなって。「責めるだけじゃなくて、次の展開をどうつくる？」という思考にシフトできたんです。

爺：ほっほ、単なる〝お前はダメだ〟から〝全世界が見てるなら活かす道はある？〟へ転換したわけじゃな。**自己否定をエネルギーに変えた第一歩**じゃのう。

僕：まさにそんな感じです。翌日、いつもなら「昨日のミスは何だ…」と自己否定を続けるところを、「じゃあ次はどうする？」と自己改善の案を練りました。お話会の進行や資料の見せ方を少し変えたら、「見やすくなった！」と好評で。するとセメルンダーの声が来ても、「なるほど、次の調整ポイントか」と受け止められるようになったんです。

〝全世界が注目する存在〟を逆手に

爺：ほう、お主、なかなかいい変化じゃな。**自己批判を否定で終わらせず、改善案に結びつけているようじゃ。**

僕：妻は苦笑いしながら「さすが、全世界から注目される悲劇のヒーローね」って感じです。実際、以前の僕ならミスしたら落ち込んで終了だったのが、今は「ミス発見ラッキー！　次はよくできるぞ」みたいな妙なテンションが生まれました。自分の中でも、「あれ、僕、そこまでダメじゃないかも」と思える瞬間が増えたんです。

爺：それぞれのミスや足りない部分を〝全世界にアピールしてやる〟くらいの勢いじゃな。セメルンダーの稲妻はまだ落ちるかもしれんが、その電撃をも推進力に変えようというわけじゃ。

僕：ええ。セメルンダーが「もっとうまい人がいる」と言うと、「じゃあ僕は僕なりの個性で対抗しようじゃないか！」って反応が返せるようになった気がします。自己批判をまるごと拒否するんじゃなく、**必要な部分だけいただいて行動につなげる感じ**です。

批判を改善エネルギーへ変換

爺：お主、その方法で何か具体的な成果はあったか？　たとえば仕事やプライベートで、目に見える変化はあったかのう？

僕：そうですね。まずお話会のアンケートで「話がわかりやすくなりました」とか「質問しやすい雰囲気だった」とポジティブなコメントが増えました。以前なら「どうせ社交辞令…」と落ち込んでたのが、いまは「やった！　そういうところがよくなったのか」と素直に受け取れるようになったんです。

爺：それは大きな進歩じゃな。**自己批判を怖がらずに活かすと、まわりの声も前向きに捉えられるようになる**のじゃな。

僕：まさにそうです。自分の不十分な点をセメルンダーが突いてきても、「ＯＫ、次はそこを伸ばそう」と逆にワクワクできる。その結果、まわりの評価を素直に受け取りやすくなり、さらに行動がよい循環に入るんです。

爺：ほほう、ではこれからはどうする？　セメルンダーの声がまた容赦なく来るかもしれんがのう。

僕：もちろん、また「お前はまだ足りない」って言われるでしょうけど、それを改善のヒントに変えればいい。しかも、「僕は全世界が注目する大スターらしいし、スターならスターらしく次のステップを考えよう」と思えば、腹もくくれます。

爺：ははは、なかなかの開き直りじゃな。自己批判を動力源に変えるとは、よい発想よ。

僕：妻も「スター気取りもほどほどにね」と笑ってますけど、僕としては「突き抜けたほうが面白いかも」くらいに考えてるんです。セメルンダーの稲妻がビリビリ来ても、「来た来た、次はどんな改善点だ？」と身構えれば、さほど怖くない。それどころか自分を強くするチャンスですから。

爺：ほっほ、いい心がけじゃ。完璧を目指すより、現実を1つひとつよくしていく。その中で自己批判は大事な〝警報〟にもなるわけじゃな。

僕：はい。もう落ち込みから抜け出せなくなるのは懲り懲りなので。「**自己批判も結局は自分がつくったものだから、自分でコントロールできる**」とようやく気づいたんです。何か問題があったら、「ならばどう直す？」と解決策に走る。そうすれば意外と気分も晴れるものだなと。

爺：それでこそ、セメルンダーの稲妻を浴びながら踊る術を得た、というところかのう。じゃあ次は何を踊るんじゃ？　フラか、タンゴか？

僕：いや爺、それは謎すぎますよ（笑）。でも何を踊るにせよ、もう稲妻に打ちのめされてうずくまるよりは、ビリビリ刺激を楽しみながら成長したいです。

爺：ははは、それでええ。新しい挑戦で稲妻がまた降ってきても、今度はうまく活用するんじゃぞ。お主の〝全世界が注目する存在〟としての次なる舞台、わしも楽しみにしとるわい。

6　セメルンダー流、恥との向き合い方
――予想外の展開に！

講座の衝撃デビューと「恥」の入り口

爺：お主、またセメルンダーと格闘しておるそうじゃな。今回は講座を開くたびに「恥ずかしい」と思う瞬間が襲ってくるとか？　どういうことじゃ？

僕：いやもう、爺……それから、あり難いことに個人セッションの予約がいっぱいでもう

これは無理だとなって、初めて講座を開催したとき、すごく不安だったんですよ。しかも、妻——通称「ポジティブ大明神」が進化して「ナチュラル大明神」となった2人で、進める講座なので、どうしても彼女と比べてしまって。「彼女のほうが話がうまい」「僕はまだまだ足りない」なんて自分を責めてしまい、講座が終わるころには「恥ずかしい……」という気持ちがどっと襲ってくるんです。

爺：ほっほ、講座で恥ずかしいとは、どんな場面じゃ？　失敗でもやらかしたかのう？

僕：特に大きな失敗をしたわけでもないのに、講座後半くらいから「あれができてない」「これが足りない」と自分を追い詰めるんです。たとえば僕が話している途中で妻がサッとフォローしてくれる場面があると、「あぁ、俺は1人じゃ何もできないんだなあ……」とか勝手に落ち込みモードに入ってしまう。まわりは「助け合っててていい雰囲気だね」って言ってくれるのに、僕は「いや、情けない……」と恥ずかしがる始末。**誰も責めていないのに、自分だけが「僕はダメだ」って責めてる感じ**なんです。

爺：ほっほ、どうやらセメルンダーが「もっと完璧に！」とささやいておるのう。そこに恥ずかしさが混ざって、お主を苦しめるわけじゃな。奥方はどう反応しておった？

僕：妻は「それがあなたのよさでもあるよ」と笑ってくれるんですが、僕は「いや、恥ずかしすぎる……」と自分の欠点探しを延々と続けてしまう。知らないうちに〝恥ずかしがるための行動〟すら探してるんじゃないかって感じです。**後から振り返ると、自分でわざわざ「恥ずかしがる材料」を拾い集めに行ってる気がして**……馬鹿ですよね。

恥の正体を探る：比べる自分

爺：お主、それはどうやら「比べる」から始まっておる気がするぞ。実際の講座はどういう体制なんじゃ？

僕：僕がメインで7〜8割の時間を担当し、妻が癒しやサポートの役割を担ってます。僕は心理学のトレーナーとしての知識をメインに話しつつ、自分の体験談――病気や様々な失敗――をリアルに伝えるのが得意なんです。妻はクライアントさんが詰まったときに優しくフォローし、深いところまで引き出す技を持っている。役割分担的にはいい感じなはずなんです。

爺：ほっほ、それなら問題ないではないか。なのに、なぜそんなに恥ずかしがるのじゃ？

僕：たとえば、妻がうまく言語化してクライアントさんを安心させたりすると、「僕にはそこまでの言語力がない……」って凹むんですよ。逆に僕が体験談を話して「面白いですね！」と言われれば妻も「すごい！」と褒めてくれるのに、そのときはなぜか素直に受け取れない。恥ずかしがりのセメルンダーが「いや、それでもあれが足りない。もっと高いレベルがあるだろう」と突っ込んでくるから、もう講座終わるころには「僕、なんでここにいるんだろう……」と落ち込んでしまうんです。

爺：まさに〝比べる〟から始まる自己攻めの連鎖じゃな。参加者の反応はどうじゃ？

僕：参加者は「ご夫婦でやってるのが温かくて好き」と喜んでくれるんですよ。でも僕は「いや、温かいっていうか、僕が足りない部分を彼女がカバーしてるだけでは……」と卑屈に捉える。**周囲は褒めてるのに、僕は勝手に「恥だ」と受け止めてる。ホント自作自演かもしれません。**

なぜ恥ずかしさを拾うのか：自分で責める材料を探す

爺：お主、そこまでわざわざ「恥の材料」を拾い集めておるのはなぜじゃ？　本当にまわりがそう思っているわけでもなかろう？

僕：そう、それが不思議なんですよ。あとから冷静に考えると、「**誰も僕を責めてないのに、勝手に責められた気分になってた**……」って気づく。

昔から何かあると「自分が悪い」「自分が足りない」と思うクセがあるんでしょうね。セメルンダーが「お前、また恥をさらしたな」とささやくと、瞬時に「はい、すみません……」と答えてしまう。

爺：ほっほ、いわゆる自己否定と〝完璧〟の呪いが合体した形じゃな。もし完璧に見えても、「まだ上がある」と責めてくるんだから、終わりがないのう。

僕：しかも講座では新しいグループセッションの手法とか、未知の領域に踏み込むこともあるから、余計に〝恥ずかしい〟瞬間が増えちゃう。成功しても「いや、もっと上手な人はいる」と責めるし、失敗したら「ほら見ろ、やっぱりダメだ」と責める。どっちに転んでも責めるんです。ある意味、恐怖の二刀流ですよ。

役割に目を向けたら気づいた真実

爺：それで、お主はどうやって抜け出そうとしたのじゃ？　ずっと恥ずかしがるために講座をやってるわけではないじゃろ？

僕：そこですよね。最初は毎度毎度落ち込んでいたんです。でも、講座を何度か重ねていくうちに、妻と話し合う時間が増えたんです。「あなたは体験談が強みだよ」とか、「私はこういうフォローをするよ」とか、お互いの役割を言葉にしていくと「あれ、そもそも僕が妻のように言語力を完璧に習得する必要ってあるの？」と思ったんですよ。

爺：ほう、気づきじゃのう。それが転機になったか？

僕：ええ。僕は僕で過去の失敗を惜しみなく共有して「自分もいろいろやらかしたけど、今こうして立ち直れた」ってリアルを伝える。妻はクライアントさんの感情を癒し、深く引き出す。むしろ「2人で合わさって1つの講座」だからこそ参加者が喜んでくれてるんだとわかったんです。

爺：なるほどのう。お主が**「自分が彼女のパートも完璧にこなさなければ」と思っていたのが、そもそもの間違いだった**わけじゃな。

僕：そうです。**全パートを自分1人で完璧にやるなんて必要なかったし、まわりも望んでなかった**。ただ**僕が勝手に「完璧でないと恥ずかしい」と思い込み、必要以上に落ち込んでいたんです**。

そのことに気づいたら、少し気がラクになりましたね。

「恥」の先にある安心感と連携

爺：ほっほ、お主、今ではどう感じておる？　まだ恥ずかしい瞬間はあるかのう？

僕：もちろん、まだ時々「うわ、今の発言ミスったかな」と恥ずかしくなることはあります。でも、それが起きても「ま、そこは妻がサッとフォローしてくれるし、逆に僕がフォローできる部分もあるし」と前より落ち込まなくなりました。恥ずかしさが来るたびに、「ん？ これわざわざ拾ってるだけじゃない？」と自問できるようになったんです。

爺：なるほど、セメルンダーがささやいても、お主はもう飲み込まれなくなったというわけじゃな。

爺：ほっほ、恥すら武器にしておるな。よいことじゃ。今後も二人三脚で講座を続けるのかのう？

僕：そのつもりです。なんだかんだ言いながら、妻との掛け合いが受講生さんに好評みたいで。僕が「できない部分」を彼女が補い、彼女が「苦手な部分」を僕がカバーする。それで1つの完成形になるなら、**最初から完璧に全部自分でやる必要なんかない**んですよね。恥ずかしい瞬間はあるけど、そこにこそ講座の魅力があるかもしれないです。

爺：ほっほ、まさしく「恥を笑いに変える」技を身につけたということじゃな。セメルンダーの呪縛を抜け、恥を逆に活かすとは大したもんよのう。

僕：ありがとうございます、爺。最初は講座後に体調崩したり、もう逃げたいと思うことも多々ありましたけど、**今では「失敗や恥をネタにできるなら、それも価値がある」と思えるようになりました。**おかげで2期3期…6期と続けてこれたんです。

爺：うむ、次は何期まで続くかのう？ いっそ100期くらいまで行けば、恥も大喜利のように楽しめるじゃろう。

僕：そこまでやるころには、僕もセメルンダーを「ただの友達」くらいに思えるようになってるかもしれません。まあ、正直まだときどきメンタルが揺れることはあるんですけど、「あ、また来たな」って気づけるだけでだいぶ違いますね。

爺：ほっほ、よいではないか。お主の恥や苦手意識を含めてこその講座。それを通じて参加者に**「完璧でなくてもよい」と伝えられるなら、むしろ恥こそが宝の1つ**じゃな。

僕：ほんと、そう思えるようになりました。セメルンダーとのつき合いも、悪くないかもしれません。なんなら次の講座では最初に「すみません、今回も恥ずかしくてドキドキしてますが……」とオープンにしちゃおうかなって考えてます。

爺：それでこそ成長じゃ。堂々と「恥ずかしい」と言える人間ほど強いものはない。よし、お主の講座、わしも次回こっそり覗いてみたいのう。

僕：やめてください、爺！ もう余計なプレッシャーは勘弁ですよ……。

爺：ほっほっほ、冗談じゃよ。まあ、恥ずかしさが出たら「ほら、きたなセメルンダー」と笑ってやれば、案外どうにでもなるじゃろう。次の展開も楽しみにしておるぞ。

セメルンダーワーク：完璧じゃなくて結構！あえて〝抜け〟をつくるチキンレース

まとめ

- ほほう、お主、セメルンダーの〝完璧〟を求める声に飲まれとるようじゃが、それこそが逆に〝お主の強さ〟を生み出す種でもあるんじゃ。完璧を目指す熱意は悪くないが、ほどほどが肝心じゃのう。
- 稲妻のような自己批判が落ちたとき、そこには「お主が何を本当に望んでいるか」の手がかりが隠れておる。欠点を責めるだけではなく、〝どう活かす？〟と思えたら大きく変わるんじゃ。
- 「もっとうまい人がいる」「まだ足りぬ」と言われるたびに、心がしゅんと縮こまるのは自然なこと。じゃが、〝だったら何を足す？〟と考え始めれば、自己批判は行動の原動力になる。

・自分を責め続けても成果は出ぬ。むしろ〝ここが足りないなら、仲間に頼ればいい〟とか〝自分のペースで育てていこう〟という柔軟さがあれば、セメルンダーとも共存できるんじゃよ。

・恥ずかしさが来たときは「なんでまたこんなに恥ずかしい？」と自分に尋ねてみい。〝本当はどうありたいか〟を思い出すきっかけになる。恥は、お主が前に進むための大事な道しるべじゃ。

セメルンダーからの3つの問い

①「ねえ、自分にダメ出しするとき、ちょっと酔ってない？　〝失敗した俺カッコ悪い〟って思いつつ、どこかでそのドラマを楽しんでない？」

②「〝もっと上を目指せ〟って言われるとゾクゾクしない？　なぜそこで〝もうダメだ〟に行く？　その先に〝そうだ、やればいいんだ〟という選択肢があるのを無視してないか？」

③「お前、恥ずかしい場面をわざわざ探してない？　〝恥ずかしい〟が来ると、どうせ動けなくなる……そんな未来予想こそが、最高の言い訳になってない？」

爺からの3つの問い

①「お主が〝完璧じゃなければ恥〟と思う根底には、何か大切な想いが隠れておらんか？そこにこそ、お主の本当の魅力が眠っておるかもしれんのう。」

②「もし批判の稲妻を〝失敗を見つける雷〟だと捉え直したらどうじゃ？　その雷が落ちるたび、『おかげで次の改善点がわかった』と喜べる可能性もあるんじゃぞ。」

③「人と比べて落ち込むのは自然な感情だが、その比べている相手が実はお主を応援してくれている人かもしれんのう。

『相手に頼ってもいい』という選択肢は忘れておらんか？」

若いもんから『人生の成功法則は？』なんて偉そうに
聞かれるけどな。
ワシの知恵袋は、腹が減ったら食う、疲れたら寝る、
あとは腹の底からゲラゲラ笑うだけじゃよ。
これでだいたいうまくいく。
あとは運と愛嬌じゃな！　ガッハッハ！

第5章

8つの個性で挑む究極の逆転劇！

1　8人全員集合！「自己イメージ」からの脱却チーム結成

僕を支えてきた大切な仲間

爺：さて、お主、いよいよ「8人の感情キャラクター」と初めてのご対面じゃな。わしの魔法的な力で、お主の内なる存在が目の前に出現させるとするかのう…その準備はできておるか？

僕：え、爺、そんなことできるわけ？　自分の中にいる感情キャラたちと、こうして〝リアルに顔を合わせる〟なんて。

爺：ほっほ、それが面白いところじゃろう。頭で考えていたイメージと、実際に会ってみるイメージが異なることは多い。いずれにせよ、彼らは「**お主を支えてきた大切な仲間**」でもあるんじゃ。

さあ、わしが少しばかり力を使ってみるとするかのう。

…ほい、と！

魔法のような瞬間、そして目の前に立つ8人

（突然、部屋の空気が淡い光に包まれ僕の心の中にいた8人が姿を現す）

魔法の光と、8人の登場

爺：（淡い光を振りまきながら）…ほれ、お主、心の準備はよいか？　わしの魔法で、そなたの内側に潜む8人が一斉に顔を出すぞ。少々眩しいかもしれんが、堪えるがよいぞ。

僕：（まぶしそうに目を細めつつ）いや、いきなり光り出したけど、本当に大丈夫？　もう、なんだか頭がフワッとして…。

（眩しい光が消えると同時に、部屋の中心に8人の姿が現れる。各自独特の雰囲気を放って立っている）

ぎこちない第一声―キョヒローとこどくん

僕：（驚きながら）え、ええと…みんな僕の中にいたってことですよね？

キョヒロー：（怖がりながら口を開く）そ、そうみたいだね。…オ、オレは「キョヒロー」。リスクを嫌って安全を求める奴とでも思ってくれりゃいい…。

こどくん：（その隣でマイペースに）どうも、こどくんです。孤独は私の得意技だけど…実はちょっと寂しがり屋でもあるんだよね。えへへ。

僕：おお…2人とも、なんか想像してたより普通に話すんだな。てっきり無口だったり奇妙な言語を話すかと思ってたよ。

爺：ほっほ、ほら、思ったより自然じゃろう？　こやつらはお主の内面の一部なわけだから、似たところもあるのじゃ。

皮肉屋コンビ──ひっくんとねっちょりんの挨拶

（続けて、やや斜にかまえた雰囲気の青年と、やたら周囲を気にしているような人物が視線を向けてくる）

ひっくん：…あー、僕はひっくんですけど。まあどうせ僕なんか何言っても、大した役には立たないしね。こんな華やかな場にいても邪魔じゃないかな…。

ねっちょりん：（彼の腕をからめ取るように）ちょっとひっくん、ネガティブすぎない？　ねっちょりんとしては、やっぱり愛されてナンボっていうか…ねぇ、みんな私のことちゃんと見てるよね？　無視は嫌よ、無視は。

僕：うわあ…、一気に賑やかになったな…。ひっくんは卑屈全開だし、ねっちょりんはむしろ愛の渦を求めてる感じ？

爺：ほっほ、真逆のようでいて、**実は「周囲の評価」を気にするところが似ている**のが面白いんじゃよ。ひっくんは〝見てほしくない〟、ねっちょりんは〝もっと見てほしい〟とな。

逃げ足とぐずぐず ― ニゲダスとグズッキーの対面

（さらに、落ち着きなく扉のほうをチラチラ見ている人物と、腕組みをして考え込んでいる人物がいた）

ニゲダス：あ、僕はニゲダス。なんか怖い展開になりそうなら、いつでも逃げますんで。いや、むしろ今すぐ退散でもいいくらいなんだけど、ここは一旦様子見で…。

グズッキー：（隣で腕を組んだまま）ううーん…考えることが多いな。まだ完璧じゃない。もう少しだけ検討してから動いたほうが…いや、でも遅すぎると機会を逃すし…うーん、ぐずぐず…。

僕：あ、なるほど…逃げ出したい派と、ぐずぐず悩む派か。でもなんだか2人とも落ち着きのなさが似てる気がする…。

爺：ほほ、外から見るとそんなに似ておらんのにな。ニゲダスは危険を感じると即座に退散するし、グズッキーは考えすぎてスタートできない。速度は違えど、**どちらも「動かない」方向に行きがち**じゃな。

優柔不断と自己批判――マヨイタイソン＆セメルンダー

（続けて、複数の紙を取り出して「こっち？　それともこっち？」と悩んでいる人物と、ひたすら自分にダメ出しをしている人物が現れる）

マヨイタイソン：どっちがいいかなあ…いや、でもAもいいしBも悪くない。Cって手もあるし…困った、選べない…！

セメルンダー：（呆れ顔で）お前が悩んでるうちに時間が無駄に…というか、そもそもお前ら全員ダメダメじゃん。どうせ失敗するし、自分なんか最悪だよ…。

僕：ま、マヨイタイソンにセメルンダーか…。何だか強力コンビが来たな。マヨイタイソンは優柔不断の代名詞だし、セメルンダーは自分を責める天才…。

爺：ほほ、しかしこれで8人勢揃いじゃ。

キヨヒロー、こどくん、ひっくん、ねっちょりん、ニゲダス、グズッキー、マヨイタイソン、セメルンダー。
お主の心を象徴する感情キャラたちが、ここに大集合というわけじゃな。

新チーム結成！〝自己イメージ〟からの脱却

僕：（あらためて8人を見回す）…こうしてみると、みんな個性的だけど、どこか愛嬌もある。今まで僕は「こんなネガティブな感情はいらない」って思ったりしてたけど……。**実はどれも自分の力になり得る要素なんだな、って気がするんです。**

爺：そうじゃ、そのとおり。お主が嫌ってきた感情たちは、それぞれに得意技を持っておる。**キョヒローなら慎重さ、こどくんは孤独を楽しむ力、ひっくんは問題の本質を斜めから見抜く才能もあるし、ねっちょりんは愛され力が高い。ニゲダスは危機管理、グズッキーは熟考力、マヨイタイソンは多角的視点、セメルンダーは高品質へのこだわり**…どれも宝のような要素じゃ。

僕：（感心しながら）確かに。僕が「ただのマイナス感情だ」と思っていたところに、大切な強みが隠れていたんだな…。ずっと自己イメージが「ネガティブで、ダメな奴」で固定されてたけど、実はこんなにもバリエーション豊富だったなんて。

爺：ほっほ、そう思えば、お主の〝**自己イメージ**〟**も変わる**じゃろう。必要なのは「感情たちをうまく生かすチームワーク」。つまり、お主自身を〝多面的な集合体〟として認めることじゃ。

僕：そうか…みんなと力を合わせれば、今まで想像できなかった可能性が広がりそうだ。

爺：ようやく気づいたようじゃな。さあ、名づけて「感情キャラクター総動員チーム」の結成じゃ。お主が彼らを統括し、自分の〝自己イメージ〟を塗り替えていけ。

僕：うん。みんな、これから力を合わせて新しいステージに進もう。僕が苦手なところは誰かがカバーしてくれるし、誰かの弱みは僕が支えられるかもしれない。いや、考えただけでちょっとワクワクするな。全部1人で抱える必要はなかったんだ…！

爺：ほっほっほ、それでよい。新チーム結成じゃな。とりあえず8人全員が揃ったところで「自己イメージ」から脱却の一歩を踏み出すのじゃ。

僕：よし、それじゃあ、僕の中にあった感情キャラクターたち――これから一緒に新しい物語を進めよう！　みんな、よろしく！

キヨヒロー：（おどおどしつつ）ま、まあ、リスク管理は任せといて…。

こどくん：ふふ、オレが1人になりたいときはそっとしてくれよ。でも、みんなでいるのも悪くないね。

ひっくん：…僕は期待しないほうがいいけど、まあ、勝手にやってみるよ…。

ねっちょりん：いえーい！　みんな、愛してるからね！　…あ、私のことも忘れないでよ？

ニゲダス：いや、ヤバいときはすぐ逃げたいけど、まあ様子見しとくさ。

グズッキー：うん…まだ慎重に考えたいけど、とりあえず参加しとく。みんなでつくり上げるのは嫌いじゃないから。

マヨイタイソン：それじゃあ「どの道を取るか、みんなで悩もうよ！」…いや、でも答えは1つじゃないんだよなあ。

セメルンダー：…フン、全員ダメだと思うけど、いちおう協力だけはしてやるわ。期待しすぎるな、でも悪くないかも…。めんどくさいことにならなきゃいいけど、どうせ後でまた自分を責めるんだからな。

2　キョヒロー&こどくんの「隠れ上手作戦」で権利主張？

キョヒロー&こどくんの「隠れ上手作戦」で権利主張？

爺：お主、先ほどは8人が勢揃いし、「新チーム」を結成するところじゃったが、さっそく次のステップに進むぞ。

僕：次は、キョヒローとこどくんが登場するんですよね？　どんな作戦を見せてくれるのか、ちょっと楽しみです。

突如始まる「隠れ上手コンビ」の自己紹介

（部屋の中央に、キョヒローとこどくんが並んで立っている）

キョヒロー：え、えーっと…俺はリスクを嫌って隠れるのが得意な「キョヒロー」だ。なんか怖いことがあるとすぐ壁をつくりたくなるタイプだけど、まあよろしくな…。

こどくん：どうも、「こどくん」です。孤独は得意だけど、ほんとはちょっと寂しがり屋という矛盾を抱えてる……と自分で思ってます。あ、でも、あん

まり構いすぎると困っちゃうんで、そのへんはほどほどで…。

爺：ほっほ、まさに〝隠れ上手コンビ〟じゃな。リスクがあるとすぐ壁を築くキヨヒローと、1人の世界にこもりたがるこどくん。ある意味最強の〝姿隠し術〟を持ち合わせておるとも言えるのう。

僕：確かに、この2人がタッグを組むと、意外な「隠れ上手作戦」ってのを編み出しそうですね。でも……権利主張をするんですよね？「隠れ上手」と「主張」はなんか正反対な気がするんですけど？

キヨヒロー：そ、それがな、どうやら「隠れていても権利を主張できるんじゃ？」って話が出てるらしいんだ。

こどくん：うん、僕らが妙に目立つやり方じゃなくても、ちゃんと自分の言い分を伝えられるって、あるんじゃないかな…と思ってね。

いつも隠れがち、それでも「言いたいこと」はある

爺：ほう、どんな場面で、キヨヒローとこどくんは「権利主張」が必要じゃと感じたのかのう？

こどくん：たとえば…職場でも学校でも、人と距離を置いて自分の世界にこもりが

ちな人っているでしょ？　ぼくもそんな感じだけど、だからこそ「言いたいことが言えなくて不満だけが溜まる」みたいな現象が起きるんだよね。

キヨヒロー：俺の場合は、リスクを避けたいからって黙ってたら、結果的に〝何も意見がない人〟だと思われて、後から「あれ？　この決定、俺には不利じゃね？」と気づくことがあるんだ。

もっと早く言っておけばよかった、って後悔するんだよ…。

爺：なるほど、黙って隠れておれば衝突はないが、その分、自分の権利を通しにくい、というわけじゃな。

僕：でも隠れ上手なお2人は、主張して衝突するのを怖がりませんか？　そこで「隠れ上手作戦」があるの？

こどくん：そう。要するに「表に出ずとも、上手に自分の意見を通す方法」があるんじゃないかなと。必ずしも大声を張り上げる必要はないよ、というメッセージかな。

キヨヒロー：大きな会議で発言できなくても、メールでコッソリ意見を送るとか。個別に上司や先生に相談するとか。SNSや文書で主張する手段だってあ

る。俺、下手に人前で話すと緊張して頭が真っ白になるけど、文章なら落ち着いて考えられるんだ。

衝突を避けながらも貫く〝静かな主張〟――信念・価値観が生む隠れ上手の極意

こどくん：そうそう。ぼくが嫌なのは「闘争」するような権利主張じゃなくて、静かでもいいから「自分の言い分を伝える」ってやり方。たとえばクラスやミーティングで一気に話すのが苦手なら、後で資料をまとめて提出するとか、個別にメッセージを送るとか――そんな方法だってあるよね。

キョヒロー：俺も「衝突」が怖いからつい黙っちゃうんだけど、黙ると不満が溜まるんだ。そこで闘うわけでもなく、逃げるわけでもなく、意見はちゃんと言う――その〝抜け道〟を見つけるのが、隠れ上手の極意だと思う。衝突を最小限にしながらも、自分を守り、しかも権利を放棄しないやり方を探してるんだ。

爺：隠れ上手と言うと、一見ネガティブに聞こえるが、実際は「衝突を最小限にしながら自分を守る術」でもある。そこに加えて「必要な意見は伝える」術があれば、ただの〝隠れる人〟にはならんわけじゃな。

僕：確かに、みんなが大声で主張してる場で黙っている人って、意外に多いけど、実はたくさん意見を持っているかもしれない。もし静かに権利を主張する道があるなら、いろんな声が出てきそうですね。

行動の裏にある信念・価値観

爺：お主らが「衝突を避けながら主張したい」のは、そもそもどんな信念や価値観があるからかのう？　たとえば「人との衝突をできるだけ回避したいけど、自分の思いを捨てるのも納得いかない」という信念じゃろうか？

こどくん：うん、ぼくは「自分の時間や空間を大切にする」って価値観があるから、一斉に意見をぶつけ合うのが苦手なんだ。でも同時に「人との関わりを完全に断ちたくはない」から、自分の思いは何らかの形で伝えたいんだよね。

キョヒロー：俺は「リスクを避けたい」「安全な距離を保ちたい」という信念が強いけど、一方で「理不尽に扱われるのは嫌だ」「自分の権利を守りたい」って価値観もある。そこが衝突を恐れながらも静かに主張したい理由かな。

爺：ほっほ、まさに信念や価値観のレベルが行動を形づくっておるわけなんじゃ。お主らは〝静かに〟という行動様式を取るが、その奥には「対立せずに自分を大事にしたい」「平和や安全を重んじる」という深い価値が隠れておるのじゃ。

僕：なるほど…。行動だけ見て「言わない人」と思われがちだけど、その背景に「衝突を避ける」「マイペースを大事にしたい」という信念があるわけですね。意外と、そこにプライドや正義感が隠れてるのかもしれませんね。

静かに表明できる「権利主張」とは

こどくん：そうなんだ。ぼくも大声で議論するのは苦手だけど、たとえば議事録に意見を追加したり、会議後にメールで補足を送ったり、あとで資料を渡すとか――そういう形なら衝突を減らして言いたいことを言える。

キヨヒロー：俺も「衝突はイヤだけど、このままじゃ納得いかない」ってときは、文書にしてまとめて上司や先生に渡すのがベストな方法だと思う。あわよくばまわりにも「そっちのほうが丁寧でよいよね」と喜ばれたりするし。

衝突どころか感謝されることもあるんだ。

爺：ほほう、まさに〝隠れ上手〟のよさを生かした作戦じゃな。荒々しく叫ばずとも、「実はこう思ってます」と落ち着いて伝えられる。そこには先ほどお主らが言った「自分を大事にしたい」「人と平和に協力したい」という価値観が息づいておるわけじゃ。

僕：なんだか、めちゃくちゃクレバーですよね。交渉や意見交換もスムーズになるかもしれないし、場の雰囲気も悪くならない。これなら他のメンバー――ひっくんやねっちょりんにも参考になるかも。

「姿を消しても心は叫ぶ」――お互いを尊重するアプローチ

こどくん：ただ1つ言えるのは、ぼくが静かに主張するのは、「まわりに黙ってほしいわけじゃなく、「自分の考えを整理して伝えたい」って気持ちの表れなんだってこと。

キヨヒロー：俺も「衝突を恐れる」という弱さを持ってるけど、それを逆手に取ると「平和的な折衷案を探す」のが得意だったりする。

実際、人間関係でも意見が対立して喧嘩になりそうなときに、意外と俺の〝静かに調整する〟作戦がうまくハマるんだよな。

爺：ほほっ、それは素晴らしい。お主たちの〝隠れる才能〟は、実はお互いを尊重するアプローチと通じているんじゃな。いわば「影から権利を守る宣言」を実践しておるのう。

僕：ホントにタイトルどおり、「隠れ上手作戦」でちゃんと権利を主張できるっていう、目からウロコな話ですね。こんなやり方があるなら、シャイな人や争いが苦手な人も助かるかも。

次なるステージへ：影から光へ？

こどくん：まあ、ぼくはまだ「孤独時間」が好きだし、人前では心臓バクバクになるんだけど…今回こうして、「静かに主張する」って技を考えついてからは、ちょっとラクになったかな。

キヨヒロー：俺も衝突を100％避けるのは無理かもしれないが、こうして別の方法があるってわかったら少し自信が持てた。衝突は苦手だけど、それでもちゃんと気持ちは伝えられるかもな…って。

爺：ほっほ、見事じゃ。さあ、この2人が示す〝隠れ上手〟で権利を守る作戦、他のメンバーも学んでおるじゃろう。次はどんな展開が待っておることやら、わしもワクワクしておるぞ。

僕：ありがとう、キョヒロー、こどくん。みんなの〝自己イメージ〟が変わったように、こうして〝静かな権利主張〟が増えたら、世の中も衝突が減るかもしれないね。さて、続々と次のキャラクターたちが登場してきますが…どんな化学反応が起こるんだろう。僕も楽しみにしています！

3 ひっくん＆ねっちょりんの「へりくだり過ぎて逆に目立つ」作戦

へりくだりコンビ、堂々（？）の登場

爺：さて、お主、今度は「ひっくん」と「ねっちょりん」の番じゃな。相反するようで意外と共通点があるこの2人――さて、どんな騒動を起こすのかのう？

僕：確か、ひっくんは自分を卑下しがちで、ねっちょりんは愛されたいモンスター（笑）。それがタッグを組むとどうなるんだろう？「へりくだり

過ぎて逆に目立つ作戦」って、一体なんですか？
（部屋の隅から、卑屈そうにうつむいている青年と、周囲をキョロキョロ見渡している女性？　が、ゆっくり出てくる）

ひっくん：…ど、どうせ僕なんか、誰も注目してないし、ねっちょりんと並んだら余計に埋もれるんだろうし。あ、そもそもここにいていいのかなぁ…。

ねっちょりん：ねぇねぇ、みんな私を見てる？　見てるよね？　「へりくだり」って言うけど、私の場合「もっと注目して！」って思っちゃうから、矛盾してるかも……。でもまぁ、愛されたいから仕方ないわよねぇ？

爺：ほっほ、そこが面白いところじゃ。ひっくんは自分なんか…と下がろうとするし、ねっちょりんはもっと見て見て！　と前に出ようとする。かと思いきや、2人とも「適度に周囲の評価を気にする」という共通点があるじゃろう？　それが「へりくだり過ぎて逆に目立つ」パフォーマンスにつながるわけじゃ。

「へりくだり過ぎ」ってどんな状態？

僕：へりくだるのは謙虚さの表れですけど、「過ぎる」となるとどうなるんでしょう？

ひっくん：僕は、なんでも「いや、僕なんか大したことないんで…」って言うクセがあるんだ。でも、そのたび相手が「いやいや、すごいじゃない！」と必死に言ってくれるから、結果的に妙に注目を浴びてしまって恥ずかしいんだよ。

ねっちょりん：私も似たようなとこあるのよ。つい「いえいえ、私なんて…」って言いつつ、内心「ほら、もっと褒めて！」って期待しちゃう。するとまわりが「そんなことないよ、素敵だよ」って言うから、結果「へりくだり過ぎ」で返って目立っちゃうの。褒め言葉が欲しくて謙虚をアピールしすぎると、なんだか逆効果だったりするのよねぇ。

爺：ほっほ、これは「謙虚を装うが、実は認めてほしい」心理じゃな。自分を下げる行動の裏には、「評価されたい」という価値観が隠れておる。行動（へりくだる）の背景にある信念は「人からの褒め言葉が欲しい」や「失敗を避けたい」などがあるかのう。

僕：なるほど、行動だけ見たら「控えめな人」に見えるけど、実は褒められたい気持ちや、自分を守りたい思いがあるんですね。すると逆に「あれ、この人、やけに注目されてるな？」ってなっちゃうんだ…。

なぜそこまでへりくだるのか？　信念と価値観の正体

爺：お主ら、どうしてそこまでへりくだりに走るのじゃ？　そこにはどんな信念や価値観が隠れておる？

ひっくん：僕の場合は、「失敗すると恥ずかしい」っていう強い思い込みがあるんです。だから、最初から「僕なんかダメです」って言っておけば、万一失敗してもそんなにダメージを食らわないかなと…。

ねっちょりん：私の場合は、「愛されたい」が強いわけ。そこで「私なんて大したことないですよ」って言いながら、内心「そんなことない！　すごい！」って言ってほしいのよね。これって、「人に認められることで安心したい」という価値観があるからなのかも。

爺：ほっほ、そうじゃ。まさに「安全を確保したい」「認められたい」という信念が、へりくだる行動を引き起こしておるわけじゃ。しかも、へりくだっている間に、逆に「注目」を浴びてしまうという面白い現象が起きるのじゃな。

僕：確かに。人は「いえいえ、僕なんて…」って言われると、逆に「いやいや本当にあなたはすごいんだ」ってフォローしがちですもんね。結果、会話の中心になるんだ…。
それが「へりくだり過ぎて逆に目立つ」ってことかぁ。

意図せず目立つことで起こるトラブル

ひっくん：正直、目立ちたいわけじゃないのに、まわりが逆に気を遣って僕を褒めてくれる。すると僕は余計にいたたまれなくなって、「もうやめて！」ってなりがちでさ…。本当は「普通にしてていいよ…」と思うのに、どうにも気まずい雰囲気が生まれちゃうんだよね。

ねっちょりん：逆に私なんかは「もっと褒めて！」って気持ちが溢れてるから、褒められると一瞬嬉しいんだけど、今度はまわりが「ねっちょりんさんは本当にすごいですよ」と言いすぎると「ちょっとやりすぎ？」って思われるリスクもあるのよね。結果「あれ、この人目立ちたがりなのかも？」と変な誤解を受けたりして。ほんと難しいわ。

爺：ほっほ、そこがこの2人の共通する「ジレンマ」じゃな。行動レベルでみると「謙遜している」のに、信念・価値観が「注目されたい」「安全を確保したい」というところから来ておるから、他人に「え、結局どっち？」と戸惑いを与えることもあるんじゃ。

僕：そういえば、昔会社の先輩で「いやいや、俺なんて何もしてませんから」と言いながらいつも評価される人がいましたね。あれ見て不思議だったけど、なるほど信念に「誰かに認めてほしい」があると、ああいう挙動になるのか…。

へりくだりを上手に活かす逆転の発想

爺：では、お主ら、この「へりくだり過ぎて目立っちゃう現象」をどう活かすつもりじゃ？　ただの恥ずかしいパフォーマンスで終わるのはもったいないじゃろう？

ねっちょりん：私が思うに、意外と「謙虚」って社会に好かれるんです。でも偽りの謙虚だとバレると嫌われる。だから、もうちょっと素直に自己アピールしてみようかな、と。つまり「へりくだりつつ、時々はストレートに『ありがとう、嬉しい！』って受け取る」。

そうすると、まわりも気持ちよくなるかなって。

ひっくん：ぼ、僕も「僕なんか…」って言いつつ、本当は「ありがとう」「助かるよ」って言葉を素直に受け取りたいんだ。だから全部を否定せず、相手から褒められたら「いやいや…けど嬉しいです」くらいに返してみる。そうすれば「必要以上に注目されてしまう」ってことも減るかもしれない。

爺：いいのう。「へりくだる」行動を少し修正して、「素直に受け取る」行動も加えるわけじゃな。すると「この人は程よく謙虚で、かつちゃんと感謝もできる人だな」と、好印象につながるじゃろう。

僕：それはまさに信念や価値観を少しアレンジする感じですね。たとえば、「失敗したくない」とか「もっと評価されたい」といった信念の代わりに、「成長のために失敗もＯＫ」や「まわりの褒め言葉を素直に受け取っていい」という新たな価値観を育てるわけだ。そうすると行動も自然に変わりそうだなぁ。

ねっちょりん：そうなの。そこまで割り切ったら、「実は私、愛されたいんです」って言いながら受け取っちゃえばいいじゃない！　っていう方向に行けるかなって思うのよねぇ。

ひっくん：じゃあ僕も、「僕なんか…」って言いかけたら「でもありがとう、嬉しいよ」に言い直す練習してみようかな。最初はぎこちないかもしれないけど…。

爺：ほっほ、よきかな。これはまさに「へりくだりすぎる」自分を活かして逆転の発想をする、という作戦じゃ。お主らが1歩前に出るたび、まわりとの関係も変わるじゃろう。

僕：なるほどー…。意外と〝へりくだり〟キャラってまわりを安心させる力があるから、それをうまく使いながら、でも自分もハッピーになれるように自己肯定していくといいわけですね。うん、なんか面白い化学反応が起こりそう！

爺：ひっくんとねっちょりんの掛け合い、なかなかおもしろかったのう。よし、ここから先は別のキャラとのコラボも見てみたいが――まずはこの2人の「へりくだり過ぎて逆に目立つ作戦」がどんな影響を与えるか、わしも楽しみにしとるよ。

ねっちょりん：あ、最後に一言いい？　「みんな、愛してるわよ！」…あっ、へりくだってないかも。ま、いっか。

ひっくん：…いっか、確かに。ま、僕なんか…いや、嬉しい…のかな？　…わから

んけど、これでいいや。

僕：何か2人とも少しずつ進歩してる気がします（笑）。じゃあ次回の作戦
　も楽しみにしておきますか！

4　ニゲダス&グズッキーの「逃げる」×「ぐずる」＝意外な成功法則

ニゲダスとグズッキー、奇妙なタッグ結成

爺：さて、お主、これまではへりくだり組や隠れ上手組の話をしてきたが、次は「ニゲダス」と「グズッキー」が手を組むそうじゃな。いったいどうやら、まるで「動きたくない」コンビに見えるのう。

僕：確かに…。ニゲダスは「すぐ逃げちゃう」タイプで、グズッキーは「ぐずぐずして動かない」タイプ。2人とも行動力が低いイメージなんですけど、どうやら何か〝意外な成功法則〟を編み出したらしいですよ。

（部屋の隅で、落ち着かない様子のニゲダスと、腕組みをしながら首をかしげているグズッキーが立っている）

ニゲダス：ああ…正直、ここにいるのも落ち着かないんだけど…もしヤバくなったらすぐ退散するからね。ま、まあとりあえず、話すだけ話そう…か。

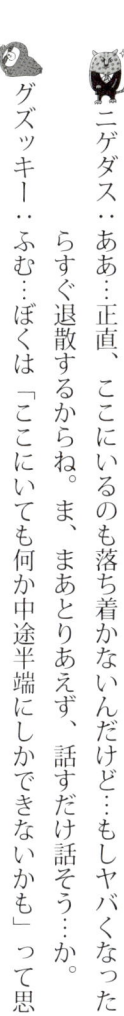

グズッキー：ふむ…ぼくは「ここにいても何か中途半端にしかできないかも」って思うとぐずっちゃうんだよね。でも行動しないのもモヤモヤする…いや、もう少し待ってから考えても…。

爺：ほっほ、この2人が合わさると「動かない」力が倍増しそうじゃが、なにやらその行動の裏に深い信念や価値観があると聞いたぞ。さあ、語ってみい。

「動かない」行動の裏にある信念・価値観

僕：ニゲダスは「危険はさっさと回避」という信念があるんですよね。だから、ちょっとでもヤバいと思うと逃げる。そこにどんな価値があるんでしょう？

ニゲダス：うん、ぼくには「安全第一」という価値観があってね。失敗とか恥をかくくらいなら、素早く撤退して被害を最小限にしたいんだ。背後には「危険に巻き込まれるなんてまっぴらゴメンだ」という信念があると言えば

いいかな。

グズッキー：ぼくは、「完璧に準備してからじゃないと動きたくない」という価値観を持ってる。行動しないのは「失敗を防ぐため」って信念がベースにあるんだ。
だから熟考して〝ここだ〟と確信できるまでぐずっちゃうんだよね。

爺：ほほ、まさにニゲダスが「即撤退」でリスクを下げる一方、グズッキーは「徹底的に考え抜く」ことで失敗を下げようとしているわけじゃな。
行動レベルでは「動かない」ようでも、その裏に「安全重視」という信念が共通しておるわけじゃ。

僕：じゃあ2人とも「安全重視」の人たちなんですね。なるほど、それで「逃げる」と「ぐずる」が融合したら、いったいどうなるんだろう？

奇妙な融合：逃げ×ぐずりが成功を生む？

ニゲダス：意外なんだけど、ぼくたちが話してみると、お互いが「危険を回避する」観点で共感できるんだ。たとえば何か新しいプロジェクトがあっても、くは「危ないぞ」と思ったらサッと逃げるし、グズッキーは「いや、ま

だ決めるの早い」と熟考する。

グズッキー：するとね、ニゲダスが先に「あ、これはダメだ」と思ったとき、ぼくは「いや、ちょっと待て、どこがダメか具体的に考えてみよう」となって、さらに深く検討する。結果的に、「なるほど安全策を練ったら案外いけるかも」という結論が出たりするんだよ。逆にぼくがぐずぐずしてると、ニゲダスが「早く撤退！」と動かしてくれることもある。

爺：ほっほ、なるほど。両極端な「動かない」2人が、お互いの行動を促し合うとは面白い。2人とも安全を最優先するがゆえに、あえて「もう少し考えてみる」「いや、ここは切り上げる」など、結果的に絶妙なタイミングでスタートや撤退ができるわけじゃな。

僕：そんな組み合わせが「成功法則」になるとは想像してなかった…。つまり、ニゲダスが〝いつまでも考えないぼく〟を行動に向かせてくれたり、逆にグズッキーが〝すぐ逃げるぼく〟を「ちょっと待って」と落ち着かせる…と。

ニゲダス：そうそう。ぼくが焦って逃げようとしたとき、「本当にそのまま逃げるの？　ちょっと可能性残ってるかも」とグズッキーが引き止めてくれた

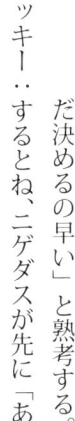

り。かと思えば、グズッキーが延々とぐずってるときは、「もうその案はダメだろう、撤退したほうが傷が浅い」ってぼくがフォローする。

グズッキー：結果的に、飛び込むときは安全策をしっかり構築してから動けるし、ダメそうなときは迷わず逃げられる。不思議だけど、これが成功への道に繋がるっていう…。自分でも「あ、動いてるじゃん！」と驚くことがあるんだよね。

信念のアップデート：安全重視が生む柔軟性

爺：ほっほ。2人の行動の裏には、「安全を第一に」という信念があるとは言ったが、そこにもう1つ加えるとすれば何じゃろう？ 例えば「安全だけど前進もしたい」という新たな価値観を持つとどうなるかのう？

ニゲダス：えっ、そりゃ、「動きたくない」気持ちに「でも成果も出したい」って矛盾する気が…。

グズッキー：いや、でもぼくらがまさにその矛盾を形にしてるんじゃないかな。「逃げるの大事」「迷うの大事」と言いながらも、1周回ってうまく進めるケースがある。

僕：そうか。「安全×前進」という価値観を持てば、必要以上にリスクを恐れて立ち止まるだけじゃなく、どこかで「ここなら安全策が整った、行こう！」と踏み出すきっかけをつくれるわけか。行動レベルでは〝逃げるとぐずる〟に見えても、実は「自分のペースで失敗を避けつつも成果を狙う」動きが可能になるんですね。

爺：まさにそうじゃ。２人とも最初は「危ないから動かない」側面が強いが、「安全策で前進」する新たな信念を加えると、両者が絶妙に噛み合って前に進むという不思議な現象が生まれるのじゃな。

意外な成功法則への期待

ニゲダス：ぼく自身も、まさか自分の「逃げグセ」がこんな形で役立つとは思わなかった。グズッキーと一緒にいると、めちゃくちゃ動きが遅いけど、結果的に妙な事故を回避しながらちゃんと成果が出せるってのが不思議だよ。

グズッキー：ぼくも「ぐずぐず」が悪いと思ってたけど、ニゲダスが「そろそろヤバい」と判断してくれるおかげで、ずっと先延ばしもしないで済む。たま

に「ここは行くべきだ」と背中を押されたりもして…あれ、ぼく、ちゃんと動いてるじゃん、みたいな。

僕：ほんと面白いですね。それぞれ単体だと、「全然動かない人」みたいなのが、組み合わせると不思議と動き出す。〝逃げる×ぐずる＝意外な成功法則〟というのは納得かも。要は行動の裏にある「安全重視」という価値観が、ただ止まるだけじゃなく、柔軟な判断をもたらすんですね。

爺：ほっほ、それこそがこの2人の妙技じゃ。リスク回避を徹底しながら、いざというとき少しずつ進む——なかなか侮れぬコンビよのう。お主らもこれを知っていれば、「動かない自分」を責めるだけでなく、その裏の信念や価値を見つめ直せるじゃろう。

ニゲダス：うん、逃げるの大事。でも逃げ続けるだけじゃ成果出ないしね。グズッキーと絡むことで、ぼくも「どこで行くか」を多少は考えるようになったよ。

グズッキー：ぼくも、「いつ逃げるか」を見極めることで、ぐずり過ぎるリスクを減らせたって感じ。お互いに補完し合うのが大きいんだね。

僕：じゃあ、2人ともありがとう。ここまで「動かない」力が活かされるとは想像しなかったけど、正直、めっちゃ勉強になりました（笑）。

爺：ほっほっほ、次はこのコンビが他のメンバーとどう絡むのか、楽しみにしとるぞ。安全第一じゃが結果もしっかり出す――まさに「意外な成功法則」じゃな！

5 優柔不断と自己批判の共演 マヨイタイソンとセメルンダーの挑戦記

ネガティブ視点からの幕開け

爺：さてお主、今回は「優柔不断」と「自己批判」という強烈コンビ――マヨイタイソンとセメルンダーじゃな。どうやらまた妙な騒動を起こしとるらしいが、どんな有様なのか、早速聞いてみるとしよう。

（部屋の隅で落ち着かない様子の2人。1人は何か紙を何枚も持ち、もう1人はブツブツと自分を責めている）

マヨイタイソン：ああ、もうどうしよう…A案もよさそうだけどB案のほうが無難かなって思ったら、やっぱりC案も捨てがたいんだよな…。

うわ、でも決められない！　どうしよう、どうしよう…。

セメルンダー：フン、どうせお前は迷った挙句に失敗するんだろ。いや、そもそもおれは〝自分なんか何を選んでもダメだ〟ってわかってるし…。はあ…全然使えない、ほんと最悪…。

僕：うわあ、確かに厄介なペアですね。マヨイタイソンが優柔不断で動けないところに、セメルンダーが徹底的に〝お前は失敗する〟と追い打ちをかけている。これじゃ何も始まらないじゃないですか…。

爺：ほっほ、見事な負のループじゃな。ではまず、お主らがそんな行動を取る背景に、どんな信念や価値観があるかを探ってみようかのう。

言い訳とネガティブな捉え方

マヨイタイソン：おれはいつだって「失敗したら怖い」っていう思いが強いんだ。だから選択肢を増やしまくって、決断を先送りしてしまうんだよ。失敗しなければOKだろって…要はヘタに動いて失敗するぐらいなら、選ばずに済ませたいって感じかな。

セメルンダー：おれなんか、「選んだところでどうせうまくいかない」って思ってる。

それどころか〝やるだけ無駄〟って自己否定が止まらないっていうか…。だって完璧じゃないなら価値ないし、失敗したら全部自分が悪いじゃん。はあ、ほんと最悪。

僕：なるほど、マヨイタイソンは〝失敗回避〟の信念が強くて選べない。セメルンダーは〝完璧じゃないならダメ〟という価値観があるから、「どうせ無理だ」と自己批判をする。そりゃ相性最悪ですね。相乗効果で動けないわけだ…。

爺：ところがのう、表向きにはネガティブに見えても、その裏には「慎重さ」や「高品質を求める向上心」があるとも言える。どうじゃ、マヨイタイソン、セメルンダーよ。お主ら自身、その点を自覚してはおらんか？

爺、信念・価値観を解き明かす

マヨイタイソン：…うーん、確かに〝慎重〟って言い方もあるか。要は「ベストを選びたい」んだよな。妥協したくないからこそ、迷いに迷うというか…。

セメルンダー：おれの場合、「完璧でないと恥」と思っている。でも裏を返せば、〝よりよいものをつくりたい〟って価値観があるから、粗悪な結果は出したく

ないんだよ。うっ…でも結果、自分を責めてるけど…。

爺：ほっほ、それこそが〝行動の裏にある信念・価値観〟というわけじゃ。「完璧を目指す」とか「失敗を避けたい」のは、一見ネガティブに思えても、質を高める力になる場合があるんじゃな。

僕：なるほど！ ならこの2人の〝慎重さ〟と〝向上心〟がうまく機能すれば、意外といい成果が出せるかもしれませんね。

ポジティブな力の示唆――「慎重×完璧志向」で新たな道を

爺：お主ら、想像してみい。マヨイタイソンが〝選択肢を広げる〟一方、セメルンダーが〝品質を高める〟意見を出す。すると、どうなるかのう？

マヨイタイソン：あ…もしかして、「よりよいものを探す」段階ではおれがいろんな可能性を検討して、セメルンダーが「ここはまだ改善できる」と指摘してくれる…？ それ、なんか最強じゃないか。

セメルンダー：お、おれも「ダメだダメだ」って言うばかりじゃなくて、「ここを改善すればマシになる」っていう建設的な方向に頭を回すと、意外といけるかもな…。完璧主義も使いどころ次第だし。

爺：まさに〝慎重〟と〝完璧志向〟がかみ合えば、非常に品質の高い結果に繋がるじゃろう。大事なのは「否定」で止めるのではなく「次にどう活かす？」と転換することじゃ。何せお主ら、どちらも〝妥協しない〟という意味では共通の価値観を持っておるわけだからのう。

納得と行動の変化

僕：どう？　2人とも、これなら行動に移せる気がしませんか？　マヨイタイソンは迷うだけじゃなく、1歩踏み出すときにセメルンダーが「ここを仕上げれば完璧に近づく」って補足してくれる、とか。

マヨイタイソン：うん…正直、まだ「いやでも…」って思うけど、何かちょっとだけ前向きになれたかも。選択肢を広げるのは好きだし、セメルンダーが〝改善点〟を指摘してくれるなら、ガチで仕上がりがよくなるかもしれないね。

セメルンダー：おれも〝完璧じゃないからダメ〟ってイライラしてたけど、マヨイタイソンが「じゃあ他の選択肢も試してみる？」って提案するなら、意外とストレス減るかも。頭ごなしに「失敗だ」と思わずに、〝直せばいけるかも〟って気づくかもしれん…。

爺：見事じゃ。こうして2人の〝優柔不断〟と〝自己批判〟が合わさると、意外と「最高レベルの完成度」を狙える可能性があるわけじゃな。今までマイナスだと感じておった個性を、上手にシナジーに変えれば、お主らも行動できるじゃろう。

僕：ほんとにそうですね！　〝迷う〟のは多角的に考える才能だし〝自己批判〟はクオリティーを上げるモチベーションでもある。使い方次第で、この2人はすごい結果を出しそう…！

マヨイタイソン：よし…やってみるかな。いや、でも…いや、ちょっと踏み出してみるのもあり？

セメルンダー：フフ、ま、完璧じゃないと気が済まないけど、〝やってみないと完璧かどうかもわからない〟しな。ちょっとだけ、合わせてみるか…。

爺：ははは、いい兆候じゃ。こうして「優柔不断と自己批判の共演」は、単なるデメリットではなく〝慎重×高品質〟という最強コンビになりうるんじゃよ。さあ、お主ら、その可能性を信じてみるがよい。

僕：いやあ、まさか2人がこういう形で共闘するとは！　「迷いと自己批判」

が合わさった〝挑戦記〟、これからどうなるか楽しみです。何かすごいプロジェクトが生まれるかもしれませんね……！

爺：ほっほっほ、わしもわくわくしておるぞ。この先、お主らがどんな〝奇跡〟を起こすか、期待しておるぞ。

6 意外な結論！ 8つの個性が生んだ「逆転の発想」とは

思いがけない総決算の幕開け

爺：さて、お主、いよいよ集大成じゃな。

4つのコンビがそれぞれ奇妙な〝作戦〟を生み出しておったが、ここでその成果をまとめる時が来たのう。

果たして、8人の〝ネガティブ〟がどんな〝逆転の発想〟をもたらすやら、わしも楽しみじゃ。

僕：たしかに、最初はただのネガティブ集団かと思いましたけど、それぞれが強みを見いだし合う感じになって、面白い展開になりましたね。さて、ここにみんなが勢揃いしているし、一言ずつシェアしてもらいますか？

「隠れ上手コンビ」キョヒロー&こどくんの新信念

キョヒロー：えーと、俺はリスクを避けたがるから〝何も言わず隠れちゃう〟タイプだったけど、今は「衝突を減らしつつも、意見を伝える道はある」って価値観を持つようになった。結果、「黙って我慢する」か「表立って強く対立する」しかないと思い込んでたけど、実は〝静かに権利主張〟すればいいんだなってわかったんだ。

こどくん：ぼくも「孤独を楽しむけど、意見は伝えたい」って矛盾に悩んでたけど、新しい信念として「一斉に言うのが苦手でも、別の手段で発信できる」って実感した。だから、怖がりながらもメールや文書で自分の考えを示す、みたいな形で衝突を減らして意見を活かせるようになったんだよね。

僕：隠れていながらしっかり発言できるって、新しいスタイルですよね。〝隠れ上手作戦〟が成功して、結果として権利もしっかり守れる——なるほど、最高じゃないですか。

爺：まさに〝表に出ない〟ようでいて要所で意見をしっかり伝える。その柔軟性が今後の逆転のヒントじゃな。

「へりくだり過ぎて逆に目立つ」ひっくん&ねっちょりんの気づき

ひっくん：…僕なんか大したことないんで…あ、いや、でも今はそれだけじゃなくくて、「褒められたら〝ありがとう〟と素直に受け取っていい」って思えるようになったんだ。つまり「どうせ僕なんか…」の裏には「実は褒められたい」信念があったんだと気づけたからね。

ねっちょりん：私も「いえいえ、私なんて…」と言いつつ「本当はもっと褒めて」って思ってた。で、新しい価値観は「へりくだりより素直さが好印象を生む」ってことかしら。恥じらいながらもきちんと「嬉しい！」と受けとめる。そのほうが周囲も心地いいわ。

爺：それが〝へりくだり過ぎ〟の罠を解く鍵じゃな。
行動の裏にある「認めてほしい」欲求を自然に表現することで、無駄に注目を集め過ぎず、でも自分の存在感はきちんと伝わる。まさに逆転の発想よのう。

「逃げる」×「ぐずる」ニゲダス&グズッキーの方程式

ニゲダス：ぼくたちは「安全第一！」の名の下、動かない派だったけど、お互いに「もう少し考えよう」「もうダメだ、撤退しよう」とカバーし合って、逆に〝絶妙な進みどころ〟が見つかるんだよね。

それで生まれた新たな価値観が「安全策を練りながら、タイミングを逃さない」って感じかな。

グズッキー：うん、確信が持てるまでぐずぐずしたいぼくと、すぐ逃げたいニゲダスが合わさると、危険はちゃんと回避しつつも、最悪の先延ばしはしなくて済む。だから今は「行動しない裏には危険を減らしたい信念があった」と認めつつ、「安全だけどやりたいことを実現する」方向に転換できたんだ。

僕：へぇ、単なる行動しない2人かと思ったら、そこには〝安全重視〟というポジティブな信念があって、それをお互いにシェアしたから進めるようになった…まさに意外な成功パターンですね。

爺：これを聴いた他のコンビも驚きじゃろう。動かないはずが、連携したら動き出すとは。まさしく逆転よのう。

優柔不断×自己批判のコンビ ― マヨイタイソン&セメルンダーの結末

マヨイタイソン：おれは「失敗が怖い」価値観で、迷ってばかり。セメルンダーは「完璧でないと価値がない」っていう信念を持ち、すぐ自己批判に走る。ところが、２人で話すと「選択肢を増やして失敗を回避しつつ、質を上げる改善点を探る」という妙な相乗効果が生まれたよな。

セメルンダー：ああ…正直、完璧じゃない自分にイライラしてたけど、「まだ決めなくていい」とマヨイタイソンが時間をくれたり、「実はここを直せばかなりよくなる」と思えたり。

〝慎重さ〟と〝クオリティー重視〟がかみ合うと、結果的に〝最善策〟を選べるとか、ほんと予想外だ…。いまは「迷い×自己批判＝質の高い成果」って価値観が芽生えたよ。

爺：ほっほ、まさに「優柔不断と自己批判」が同居して、最終的には優れたできを目指す〝職人魂〟のようなものができ上がったわけじゃな。動きは遅いかもしれんが、その分確度が高い結果を生み出す。まさしく逆転の発想じゃのう。

新たな行動で幕を下ろす「逆転の発想」

僕：こうして各コンビが〝ネガティブと思っていた行動〟の裏にある信念・価値観を再定義して、それぞれ生産的な方向へ進めたんですね。隠れ上手コンビ、へりくだりコンビ、逃げ&ぐずりコンビ、優柔&自己批判コンビ。それぞれ〝逆転の発想〟が成立したのがすごいなぁ。

爺：つまり、お主らが「ダメだ」「弱みだ」と思っていた性質は、見方を変えれば「大切な強み」だったわけじゃ。行動を否定するのでなく、その背後の信念・価値観を掘り下げると、思いも寄らぬ強みに変わるのじゃよ。

僕：いやー、感動しました。これこそが「8つの個性」が生む意外な結論ですよね。みんな最初はネガティブな思い込みが強かったのに、こうやって〝強みに変換〟してしまうなんて、予想外でした。

爺：まだ旅は続くかもしれんが、とりあえずここで一段落じゃろう。お主ら自身が「自分のネガティブ要素」を、こうして〝宝〟に変える術を学んだのだからのう。さあ、この先さらに大きな挑戦が来ても、もう怖いことはなかろう？

僕：はい、爺、ありがとうございます。これで「8人の感情キャラ」たちとも、1つ上のステージに行けそうな気がします！　みんなも満足げにうなずいてますし。まさかこんな〝逆転の発想〟が待っていたとは…ほんと面白いですね。

爺：何事も視点を変えれば光は見えるものじゃ。お主が〝ネガティブ〟と感じる性質も、大いなる力の源となり得る——というのが、今回の結論じゃな。よし、あとはこの学びを日常に活かしていくとしようか。

僕：8つの個性を活かして、これからの挑戦を楽しみに、さらに前に進んでみますよ。

…よーし、次が楽しみだ！

7　ネガティブは強みになる――爺と8人が教えてくれた生き方

名残惜しき再集合、8人を僕の内に

爺：さて、お主、こたびの旅もそろそろ終わりが見えてきたのう。どうじゃ？8人の感情キャラクターたちが、めいめいの強みを発揮する様を目にして――ずいぶんとお主の〝自己イメージ〟が変わったんじゃないか？

僕：はい、爺。最初はネガティブ要素ばっかりかと思ってましたけど、形を変えて成功に向かえるなんて…正直驚きましたよ。

爺：それではぼちぼち、彼らを再びお主の内へ帰してやるとしようかのう？わしの魔法で外に出しておったが、長く外におると疲れるじゃろうからのう。

（8人が名残惜しそうに集まってくる）

キヨヒロー：…ああ、やっぱり俺は中に戻るのが一番安心かも。外の世界はちょっと刺激強すぎたぜ。

こどくん：（こっそり笑いながら）でも悪くなかったよね、外の空気も。まぁ孤独

が恋しくなってきたけど。

ねっちょりん：も〜、外でいっぱい愛されるのもいいけど、体の中が居心地いいのかも。みんなと一緒なのも悪くないわね。

ひっくん：結局、僕なんかが外にいても意味ないし…だけど、まあまあ楽しかったかも…。うん、内に戻って静かに過ごすかな…。

ニゲダス：ふう、思ったより逃げ回らなくても大丈夫な空気だったな…。でもそろそろ退散してもいっか…。

グズッキー：ぼくは「ぐずぐず」しながらも、いろいろ発見があったよ。うん、とりあえず中に戻ってまた熟考してみる。

マヨイタイソン：いや、迷うけど…まぁ入るか。外だと選択肢多すぎて頭爆発しそうだしな。ちょっと落ち着きたい。

セメルンダー：フン、完璧じゃないままここに居ても仕方ないし、内に戻って自分の世界を磨き直すとするよ。まぁ悪くなかった…こういう体験もさ。

僕：みんな、ありがとう。じゃあ、そろそろ…また僕の中で一緒に頑張りましょう。爺、お願いします！

爺：まかせい。…ほい、と！

（爺が腕を振りかざすと、柔らかな光がふわりと舞い、8人の姿はスッと僕の胸のあたりへ吸い込まれるように消えていく）

「もしかして…お別れ？」僕のつぶやき

僕：（しんとした空気の中で）え、爺…なんか雰囲気が変わった。8人が戻ったら、急に部屋が広く感じられますね。

でも、爺、もしかして…これって…お別れの流れ…ですか？

爺：（微笑みながら）ほっほ、お主、察しがよいのぅ。そうじゃ、わしの役目は一とおり終えたと言える。これまで8人の感情を引っ張り出し、強みを見極める手助けをしたが――もはやお主自身が彼らと共に歩む術を見出したじゃろう？

僕：え…そんな…だって爺がいなくなったら、僕1人でやっていけるのかな？

爺：大丈夫じゃ。お主の中にある力をわしが教えたのだから、もう心配はいらん。しばし寂しいかもしれんが、わしは〝いつでも思い出せば顔を出す〟存在でもあるよ。

僕：……そうですか…。じゃあ……本当にさようなら…なんですか？（声が少し震える）

爺：うむ、しばらくはのう。わしもほかの旅人を助けに行かねばならん。お主が新たな挑戦をするとき、またわしを思い出すかもしれんが、そのときこそ再会できるじゃろう。

今は「己の力」を信じてみい。

思い出の総集編と感謝

僕：爺に初めて会ったときは、こんな展開になるなんて思わなかったですよ。こんなに素晴らしい信念や価値観があったなんて…。

爺：それがお主自身の奥深さじゃよ。わしはただ、その手助けをしただけじゃ。

僕：…ホントにありがとうございました。最初はキャラ多すぎて混乱もしたけど、それぞれが僕を支えてくれる大事な存在だってわかったのは、爺のおかげです。寂しいけど…また会えるって信じます。

爺：ほっほっほ。よかろう。じゃあ最後にわしから一言――「お主が真に自分と向き合うとき、必要なキャラはいつでも姿を現す。わしも含めてのう」…さあ、そろそろ出立のときじゃ。

爺、去りゆく…そして新たな決意

（部屋の奥から一筋の光が差し込み、爺の姿が透けていく）

爺：うむ。ここまでじゃ。お主、あとは8人と共に新たな物語を紡ぐがよい。もしまた道に迷ったら、わしの笑い声を思い出すんじゃぞ。ではさらばじゃ。

僕：爺……ありがとう。ほんとにありがとう（言葉に詰まる）。

（ふわりと光が広がり、爺の姿はやがて見えなくなる。静かな空気が流れる）

僕：（独り言）…そっか、爺は行っちゃったんだ。ちゃんとお礼を言えたか…不安だけど、伝わったよね。よし、僕もこの8人——いや、僕自身が持ってる強みと一緒にやっていこう。隠れ上手、へりくだり、逃げとぐずり、優柔と自己批判…どれも僕の大事な一部だ。うん、爺がくれたこの知恵、活かさないと。

（僕は静かに深呼吸する。胸の奥には8人の存在が確かに感じられる）

（僕は少し首を回し、肩の力を抜く）

僕：……さて、行こうか。何をするかは決めてないけど、足は勝手に進みたがってる。

（足元に目をやり、1歩踏み出す）

僕：ああ、8人がうずうずしてるのがわかるな。『オレたちはどう動けばいい？』って。

（胸の内からかすかに声が聞こえる気がする）

マヨイタイソンの優柔不断がくすぐったく、ニゲダスの逃げ腰がかかとを押すようだ。グズッキーのぐずりが背中でうごめき、ひっくんが「大丈夫？」ささやいてくる。ねっちょりんの「愛されたい！」は相変わらずで、キョヒローの慎重さも悪くない。

こどくんは「ほどほどにつき合うよ」と微笑み、セメルンダーは鼻を鳴らしながらも興味津々だ。

（僕はほんのり笑いながら、心の中でつぶやく）

僕：みんな、一緒に行こう。爺のいない道は、ちょっと心細いけど……。
でも、それこそが始まりなんだ。僕らだけで作る新しい世界。

（ドアを開けると、まばゆい光が差し込む）

僕：……よし、大丈夫。爺の〝ほい、と！〟は、まだ胸の奥に響いてる。

僕：行こう。ネガティブも、僕らの大事な翼なんだからさ。

（その言葉に応えるように、8人の気配が力強く背中を押してくれる）

僕：みんな、これからもよろしくね。

（声なき声で「おうっ」とか「愛してるわよ！」とか各キャラの反応が心の中から聴こえてくる。僕は小さく笑い、歩み出す）

幕は閉じ、だが物語はまだ続く――。

最終読者参加型ワーク：ネガティブは強みになる
——爺と8人が教えてくれた生き方

爺：ほっほ、さてお主ら——いや、読者のみなさんよ。わしから最後の置き土産じゃ。8つの個性に出会い、いろいろな気づきを得たとは思うが、真の旅はこれからじゃろう。
そこで、わしが用意した3つの問いを胸に刻み、自分に問いかけてみてくだされ。

テーマは「私とは」

①「みなさんが大切にしている信念は何じゃ？」
まわりの雑音や期待に振り回されることは多いが、そこに「自分が1番守りたいもの」や「根っこにある価値観」が潜んでおる。どんな行動や言葉の裏にも、「これだけは譲れない」という思いがあるはずじゃ。それは何なのか、あらためて思い返してみるとよい。

②「みなさんを支える〝内なるキャラクター〟は誰じゃ？」

時に逃げ出す自分、時にぐずぐず悩む自分、完璧主義の自分や、愛されたい自分…。そんな多面性こそがお主の生命力じゃ。もし今、1人で戦っていると感じたら、心の中のキャラクターたちを呼び出してみい。彼らと対話するように、自分の多彩な可能性を認めるとよい。

③**「みなさんが描く未来を、どう面白くするか？」**

誰しも迷いや自己批判を抱えるが、それらを「成長の糧」として使えると、未来の地図は一変するじゃろう。「自分はどんなストーリーの主人公でありたいか？」を大胆に想像してみい。もし道中に失敗や恥ずかしさがあっても、〝笑い〟に変えられるかもしれんぞ。

爺：以上がわしの置き土産じゃ。お主ら――いや、読者のみなさん、どうか「私とは」の問いをきっかけに、内なる仲間たちを総動員しながら、自分の未来を楽しく彩っていくがよいぞ。もちろん、わしに会いたくなれば、いつでも心の中をのぞいてみい。そこにはお主が気づいていなかった才能や情熱が、まだまだ眠っておるからのう。では、健闘を祈る！

おわりに

ここまで物語を読んでくださり、ありがとうございます。いかがでしたでしょうか？

そもそもなぜ一見ネガティブなキャラクターがつくられるのか？

8人のキャラクターたちが次々と登場し、何やら騒がしく、でも不思議とあたたかいストーリーだったかもしれません。あれこれと波乱が起こったり、予想もしないコラボレーションがあったりで、読んでいて「もうお腹いっぱい」と思われた方もいるかもしれませんね。

もっとも、実は僕自身も「これでもか！」というほどキャラクターたちの主張を受け止めてきました。それでもなお、「**8人それぞれに生まれる理由がある**」とわかったとき、自然と納得できたんです。

ここでは最後に、もう少しだけ専門的な視点から、この8つのキャラクターがどこから来るのか、どうして生まれるのか、その背景をお話ししながら締めくくりたいと思います。

幼少期のプログラムがすべての始まり

人は生まれた瞬間から、まわりの言葉や行動、環境を〝真実〟として受け取り始めます。特に**6歳や7歳くらいまでの幼少期は「催眠状態」**とも言われるほど、まわりの影響を素直に取り込みやすい時期なんですね。親御さんや家族、あるいは保育園・幼稚園の先生の言葉1つで、「あ、こういうふうにすれば愛されるんだ」「これをすると怒られるんだ」と学習します。

- **「逃げる」が身につく子**は、たとえば家庭内がギスギスしていたり、衝突が怖い環境だと、「とにかく危険から離れるほうが安全だ」と学ぶかもしれません。
- **「ぐずぐず」が身につく子**は、何か行動するたびに厳しく評価され続けると、「迂闊に動くと怒られる。じゃぁ、納得いくまで時間をかけよう」と思い込むようになるかもしれません。
- 「**へりくだりすぎる**」**子**は、「自己主張すると叱られる。だから遠慮していたほうがまわりが優しくなってくれる」と経験を積むと、大人になっても「いえいえ、私なんて…」が口癖になったりします。
- 「**孤独を感じやすい**」**子**や「慎重で怖がり」な子も同じです。幼いころの〝これでうまくいった〟成功体験や〝これをすると安全が保てる〟という学びが、そのまま大人になって引き継がれます。

こうした幼少期のプログラムは、本来とても大切な「生き残り戦術」でした。なぜなら幼い僕らは、自分で生き方を選ぶ余裕もなく、周囲に合わせて自己防衛するしかなかったからです。ですので、８つのキャラクターたちも「**最初はあなたの人生を守るために生まれた**」と言っていいんですね。

親や文化が悪いわけじゃない——でも、自分で選び直すことができる

ところで、「じゃあ、それって親や環境が悪かったの？」と感じる方もいるかもしれません。実は、親御さんだって自分が育った環境の影響を受け、またその親御さんもそのまた祖父母から…と、歴史的に継承されてきた価値観を抱えています。**誰か1人が悪いという話ではなくて、日本や世界、それぞれの地域や文化のなかで「そう育てられてきたからそうなった」だけ**なんです。

いわば誰にも悪気はないんです。ただ、それによって生まれた子どもの思考・感情パターンが、大人になってもそのままセットされ続けると「もう使わなくていいはずの防衛」が発動してしまう。自分の人生を広げたいと思っているのに、まだ6歳のときの思考や感情がブレーキをかけてしまうんですね。そこに不具合が生じやすいわけです。

それじゃ、どこかに悪者がいるの？ というと、そういう話じゃないんです。「環境や親は誰かに育てられ、それぞれ歴史がある。だから誰が悪いわけでもない。だけど〝今の自分〟は自分で決められる」ということ。選び直すことができるということです。

キャラクターをバージョンアップするという考え方

Ｗｉｎｄｏｗｓ のＯＳが定期的にアップデートされるように、僕たちの内面のプログラムだってバージョンアップできます。

• たとえば「怖がりキョヒロー」だった自分も、大人になった今は「慎重さ」を使いつつ、必要な場面ではちゃんと意見を出したほうがメリットが大きいと気づくかもしれない。

• 「ぐずぐずグズッキー」の行動も、〝熟考力〟として活かすことで、リスクを減らしながらベストなタイミングで行動できるようになるかもしれない。

要するに、子どものころに導入した「バージョン1・0」のままじゃ、今の人生には合わないシーンが多い。だったら新しいＯＳやアプリを入れるように、キャラクターを少しずつ成長させてあげればいいわけです。そのときに「こんな自分はダメだ、消し去りたい」と否定するより、「今までありがとう、そしてバージョンアップしよう」と受け入れるほうがスムーズに進みます。

「ネガティブだからこそ」守られてきた僕らの心

　これまで物語のなかで、8つのキャラクターはネガティブに見える行動や感情を繰り返してきました。逃げたり、ぐずったり、卑屈になったり、完璧主義で自分を追い詰めたり…。でもそのどれもが、**元は「幼い自分」を守ってくれたり、「その場をうまくやり過ごす」ための知恵でした。**

- 逃げることで大きなトラブルを回避したし、
- ぐずることで落ち着いて熟考できたし、
- へりくだることで優しさを引き出す術を得たし、
- 優柔不断も完璧主義も質の高い結果を生むきっかけになり得る。

　〝ネガティブ〟だからこそ、特定の危機を乗り越えてきた。これがそのまま大人になっても強く残っているだけなんです。決してキャラ自体が悪いわけじゃない。使いどころをアップデートすれば、むしろ大きな力になる。「ネガティブは宝の山」とまで言えるんです。

著者からのメッセージ

「意気地なし」と笑えた瞬間——僕を支えてきた幼少期プログラムの壁

　実は僕自身、ここに描いた8つのキャラクターのような〝ネガティブ要素〟にずっと悩んできた人間です。子どものころに抱えた「怖がり」や「へりくだりすぎ」、「自分なんてダメだ」という思い込みは、大人になっても離れませんでした。いわば**僕の幼少期プログラムが、強烈に〝意気地なしパターン〟を生み出していた**んですね。

たとえば「ここぞというときに1歩踏み出せない」「せっかく準備ができているのに尻込みして引っ込む」。そんなことを何百回と繰り返してきました。もし妻――ここでは「ナチュラル大明神」と呼んでいます――がいなかったら、僕は自分のパターンに気づかず、一生〝意気地なし〟を抜け出せなかったかもしれません。

あるとき妻から、何気ない調子で「また意気地なしパターンじゃない？」と指摘された瞬間があって。以前の僕ならカチンときて拗ねて終わっていたかもしれない。でもそのときは、なぜか「うわっ、ほんとだ……。〝意気地なし〟って、まさに今の自分だな」と笑ってしまったんです。それまで**タマゴの殻に閉じこもっていたのに、パカッと殻が割れたみたいな衝撃**でした。

幼少期プログラムが僕らを守ってきた――でも今はアップデートできる

前の項でもお話ししたとおり、幼少期に「こうすれば生き残れる」と学んだパターンは、大人になってからも強く残ります。僕にとっては「意気地なしパターン」がそうでした。ある意味、子どものころはそれで自分を守ることに成功していたんです。失敗しないように、安全策を取って、まわりの顔色をうかがって。そうやってなんとか乗り切ってきた。

しかし今の僕は、昔の環境とは違う世界で生きている。自分の人生を自分で選べるだけの年齢や経験を重ねている。にもかかわらず〝6歳のころのOS(プログラム)〟を使い続けたら、そりゃあ不具合が起きるわけです。だからバージョンアップが必要なんですよね。

あのとき妻の言葉で「あれ、自分って意気地なしだったんだ」と笑えたことが大きかった。**それまで殻に入っているなんて、自分では全然気づいていなかった**んです。でも殻からパカッと出てきた今は、むしろ「殻に閉じこもってるって面白いな」とネタにできるようになりました。

ポンコツからの逆転――病気やビジネスの転機を通じて

僕がネガティブなキャラクターを強く抱えていたのには、病気の経験も大きいです。横紋筋融解症やムズムズ脚症候群といった難病で、本当に動けない日々を何年も過ごしました。毎日頭痛がひどくて朝起きられなかったり、夜も痛みで眠れなかったり。薬を飲んでも効かず、救急車を呼びたくなることもありました。

でも不思議なもので、今ではほとんど意識しなくても大丈夫なくらい回復しています。あんなに「もうダメだ」「一生動けない」と思ったのに、気づけば元気に動き回れている。まさに**思考や感情のバージョンアップ**を経て、現実まで変わってしまったんです。

病気から抜け出したことで人間関係も変わり、ビジネスも大きくシフトしました。「思考は現実化する」なんて、昔は怪しいとしか思っていなかったけれど、これほどに変わるんだと、自分の身体で証明してしまった。しかも、その変化をまわりに試してもらったら、やはり同じように現実が動く——。本当に驚きでした。

未来を面白くユニークにするために

そうした体験を通じて、僕は「他の人にも、この〝内的バージョンアップ〟を活かしてほしい」と心から願うようになりました。身体の不調を抱えている方、ビジネスがうまくいかない方、人間関係で行き詰まっている方——みんな、**これまでのプログラムを更新していけば、どんどん変われる**。僕はこれからもサポートしていきたいんです。

僕自身も、まだまだ「意気地なし」や「ネガティブ」な部分がゼロになったわけじゃありません。しかし、そこが伸びしろだと思うんですよ。**何かを変えるたびに、また新しい扉が開く**。死ぬまで冒険みたいな気持ちで、どこまで成長できるんだろう、とワクワクしてるんです。

そうやって個人がどんどん自分の内側の力を引き出していけば、日本や世界はもっと面白くなるはず。ビジネスの枠も超えて、いろいろなプロジェクトに挑戦し、たくさんの人と出会ってみたい。そんな未来を、一緒につくりたい。

妻への感謝――不思議な存在に支えられた日々

ここで、どうしても伝えておきたいのが妻への感謝です。物語のなかでも「ポジティブ大明神」「ナチュラル大明神」などと呼んできましたが、実際、彼女は僕には見えないものを見ているような不思議な存在で。たびたび「意気地なしパターン」や「自分の思考癖」を的確に突いてくれるんですね。

昔の僕は、イラッとしたり、ふてくされたりしていました。でも学びを重ねて気づきました――彼女がどんなに自然体で人の心を捉えるか。僕は心理学やコンサルスキルを身につけることでわかったんです、「あれ、隣にもっとすごい〝講師〟がいた」って。今まで妻がやっていたのは、理論以前の〝**人の心や状態を見る技術**〟だったんですね。

こうして本を書くまでにいたったのも、彼女の存在が大きいです。いつも伝えてはいるけれど、改めて本当に「ありがとう」と伝えたい。僕が不思議な病気やビジネスの迷路でボロボロになっても、彼女は淡々と信じ続けてくれました。だからこそ、僕は「意気地なし」から抜け出せたし、ここまで歩んでこられたんです。

"自分のキャラ"をアップデートしていこう

最後に、あらためて「どうして一見ネガティブなキャラクターが生まれるのか？」を振り返ると、それは幼少期にあなたを守ってきた大切なプログラムだから。親御さんや環境が悪いわけじゃない。

ただ、今の大人になった自分なら、それらを意識的に書き換える（捉え直す）ことができる。もし「昔のままの思考パターン」で苦しんでいるのなら、**それは不要になった防衛術を使い続けているのかもしれません**。

だからこそ、僕は「いつでも変われる」と思うんです。病気で起き上がれなかった僕が今こうして生きているように、意気地なしの僕が本を書けるようになったように、**年齢や状況なんて関係ない。変わると決めた瞬間からアップデートが始まります**。

本書が、あなた自身の"ネガティブ"を"お宝"に変えるヒントになっていたら嬉しいです。もし読んでいる途中で何かが気になったり、思わず笑ってしまったり、自分に重ねたところがあれば、それはあなたのなかのキャラたちが反応しているのかもしれませんよ。

どうか、あなたの物語がさらに面白く、ユニークに広がっていきますように――そしてあなたが少しずつアップデートを楽しめますように。どんな小さな1歩でも、その先には大きな未来が待っていると、僕は信じています。

最後に本書を執筆するにあたり、多くの方、いろいろな先生方にいろいろ教えていただいたり、気づかせていただきました。本当にありがとうございました。そして、本書を執筆する機会を与えていただきました、みなさまにもこの場を借りて、感謝申し上げます。

本当にありがとうございました。

金子みつよし

あなたの“ネガティブ”を最大限に活かす！

読了ありがとうございます。このまま行動に移せるよう、

下記の３つの特典を用意しました。ぜひご活用ください。

特典1：オンライン診断ツール「8キャラセルフチェック」

数問の質問で 今いちばん強いネガティブキャラがわかる

キャラごとの 活かし方アドバイス つき

アクセス方法：右の QR コードからどうぞ

特典2：ワークシート（PDF）

“ネガティブ”を可視化する質問リスト で、自分を深掘り

ダウンロード：右の QR コードからどうぞ

特典3：個別セッション優待（30分無料相談）

著者に 直接質問 してみたい方におすすめ

「私の場合は？」を具体的に掘り下げ、解決の糸口をつかめる

申し込み方法：右の QR コードからどうぞ

最後にひと言

「どうせ無理」は思い込みかもしれません。

本書の学びと特典を活かし、あなたの“ネガティブ”を

最強の武器 に変えてみましょう。気づいた瞬間から、

未来は想像以上に軽やかに動き出します。

→ 詳しくは右の QR コード / へアクセス！

さあ、次のステップへ進んでみてください。

金子みつよし公式サイト：https://kaneko-mitsu.com/

著者略歴

金子 みつよし（かねこ みつよし）

株式会社ブリックヴィークル代表取締役社長
１９７９年4月２０日生まれ、埼玉県鴻巣市出身。関東工業自動車大学校卒。

中学３年生のとき、難病「横紋筋融解症」を発症し、７割が死亡または透析生活を余儀なくされる病に直面する。大好きだったサッカーを断念し、「なんで自分だけ…」と自分を責める日々を過ごす。しかし、２７歳のときにキャンピングカー雑誌との出会いをきっかけに転機を迎え、事業を起業。その後、３１歳で「レストレスレッグス症候群」を発症し、３年半にわたる寝たきり生活を送るが、この困難を乗り越え「思考は現実化する」という真理に気づく。

心理学、脳科学、スピリチュアル、ヒーリングなど幅広い学びを経て、独自の心理セラピーとビジネスコンサルティングのアプローチを確立。

全米＆日本ＮＬＰ協会認定ＮＬＰトレーナー、ＬＡＢプロファイルマスタープラクティショナー、セロトニン活性療法師など数々の資格を取得。ビジネス面では、キャンピングカー事業を３年で６億円の売上に成長させ、障がい者事業をバイアウトするなど多くの実績を残している。

現在は、コーチングと心理技術を融合させた独自のメソッドで、健康やビジネス、人間関係の悩みを抱えるクライアントに寄り添い、多くの成功を支援。「弱さを武器に変える」哲学を掲げ、心理セラピーを通じて１万人の人生に変化をもたらすことを目指している。書では、苦難を乗り越えた自身の経験やメソッドを通じて、「思考と感情が現実を創る」という真理とその実践方法を伝え、多くの人々の成長を支えている。

弱さこそ最強の武器

８つの感情キャラクターで人生とビジネスを成功に導く心の力

2025年３月31日　初版発行

著　者　金子　みつよし ©Mitsuyoshi Kaneko

発行人　森　忠順

発行所　株式会社 セルバ出版
〒 113-0034
東京都文京区湯島１丁目12番６号 高関ビル５B
☎ 03（5812）1178　FAX 03（5812）1188
https://seluba.co.jp/

発　売　株式会社 三省堂書店／創英社
〒 101-0051
東京都千代田区神田神保町１丁目１番地
☎ 03（3291）2295　FAX 03（3292）7687

印刷・製本　株式会社 丸井工文社

Printed in JAPAN
ISBN978-4-86367-951-1